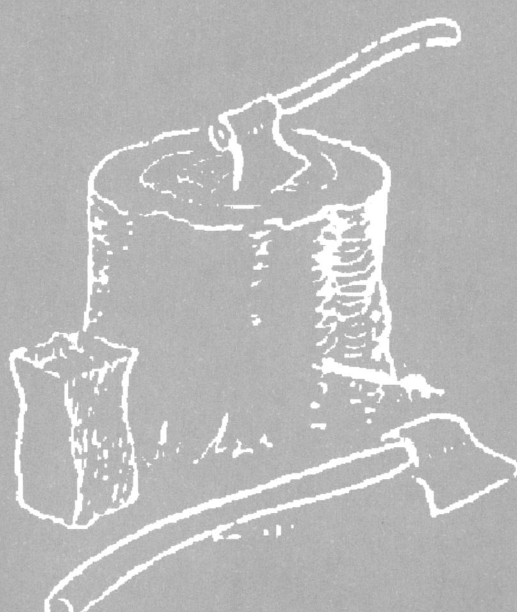

LA CUISINE au feu de CAMP

Le manuel complet du parfait campeur gourmet !

Nick Allen
Préface par Bear Grylls, Chef Scout

LA CUISINE au feu de CAMP

Le manuel complet du parfait campeur gourmet !

hachette
CUISINE

Édition originale publiée au Royaume-Uni en 2012 sous le titre *The essential camping cookbook or how to cook an egg in an orange and the other scout recipes* par Simon & Schuster UK Ltd, une filial de la CBS.

Direction éditoriale : Francine Lawrence
Responsable de publication : Nicky Hill
Direction de projet : Abi Waters
Illustrations : Miranda Harvey
Contrôle de gestion : Richard Harris
Styliste : Tony Hutchinson
Direction commerciale : Ami Richards
Direction de production : Katherine Thornton
Photographies : Richard Faulks, excepté :
p. 6 : Allan Baxter/The Scout Association et
p. 7 : Martyn Milner/The Scout Association
Assistant Photographe : Oskar Proctor

Traduction : Christine Mignot
Relecture : Christine Cameau
Responsable artistique : Antoine Béon
Mise en page : Patrick Leleu

Imprimé en Espagne par Estella Graficas
Dépôt légal : mai 2013
23-27-1208-01-0
ISBN : 978-2-01-231208-1

Remarques concernant les recettes

Toutes les recettes de ce livre proposent des mesures métriques ainsi qu'une mesure en tasse de camping standard qui vous permet de mesurer facilement vos ingrédients si vous n'avez pas de verre mesureur sous la main. Pour information, on considère qu'une tasse de camping standard contient 25 cl de liquide.

Plusieurs méthodes de cuisson vous sont proposées, choisissez celle que vous préférez, sans oublier toutefois de modifier les temps de cuisson en conséquence.

Les mesures en cuillères s'entendent rases.

1 cuil. à soupe = 1,5 cl ;
1 cuil. à café = 0,5 cl.

Les œufs utilisés sont fermiers et de taille moyenne, sauf indication contraire.

Certaines recettes de ce livre sont préparées avec des noix. Elles sont donc déconseillées aux personnes allergiques aux noix et produits dérivés, aux femmes enceintes et allaitantes ainsi qu'aux très jeunes enfants.

Ce livre est un guide pour la cuisine en camping et les activités de plein air mais il ne remplace pas les conseils professionnels de personnes compétentes. L'auteur et les éditeurs ne pourront être tenus pour responsables en cas de mauvaise utilisation des informations contenues dans ce livre.

TABLE DES MATIÈRES

LES ALIMENTS SONT TOUJOURS MEILLEURS DÉGUSTÉS EN PLEIN AIR

Quand j'étais jeune, j'ai goûté à des choses assez originales et pas toujours très bonnes ! Vous serez heureux d'apprendre que ce livre ne vous apprendra pas à cuisiner un œil de mouton ou une tarentule velue !

Il ne s'agit pas d'un guide de survie, mais plutôt d'un livre de recettes savoureuses et étonnantes à déguster dehors. Il rassemble une sélection de plats délicieux et accessibles à tous. De la truite fraîche en papillote cuite sur les braises d'un feu de bois (voir page 107) aux grands « classiques » du camping, comme les *dampers* (une recette traditionnelle australienne, voir page 67), en passant par un risotto de champignons crémeux (voir page 131).

Mais je n'aime pas seulement ce livre pour ses recettes. Il regorge également de conseils sur les techniques employées par les scouts depuis des années pour préparer de bons petits plats au grand air. Vous apprendrez ainsi à fabriquer votre propre four ou à enterrer votre pain avant d'aller vous coucher pour qu'il soit encore chaud le matin, vous découvrirez toutes sortes de conseils et d'astuces qui impressionneront vos amis et votre famille.

Dans ce livre, les scouts vous révèlent véritablement les secrets de la cuisine en plein air. Faites-en bon usage et devenez un expert en la matière. Transmettez ensuite vos connaissances à d'autres. Mieux encore, devenez scout (c'est tout à fait possible pour les adultes aussi !) et participez à l'une des plus grandes aventures de tous les temps !

Bear

BEAR GRYLLS,
CHEF SCOUT
BRITANNIQUE

DE DÉLICIEUSES RECETTES AU GRAND AIR

Lorsque vous vous remémorez votre dernier séjour en camping, deux choses vous viennent certainement à l'esprit : le temps et la nourriture. S'il est difficile de prévoir le temps, vous pouvez en revanche réaliser des recettes vraiment bonnes en camping.

Dans ma vie professionnelle, en tant que responsable de la Dorchester Collection, je suis assisté d'une équipe afin de préparer de savoureux dîners pour des hôtes exigeants. En tant que chef scout, j'aide parfois 20 scouts à élaborer leur premier repas. Quelles que soient la recette que je prépare et la personne qui m'assiste, trois éléments sont essentiels : de bons ingrédients frais, la propreté et une bonne tasse de thé.

Le grand air apporte une nouvelle dimension à la nourriture. Que vous fassiez griller du poisson frais sur un barbecue, des Chamallows au-dessus d'un feu de camp ou mijoter un ragoût sur un réchaud de camping, il s'agit d'une cuisine simple qui symbolise un retour aux sources. Cette cuisine en plein air devient de plus en plus populaire, le développement des barbecues, du camping, des festivals et des événements autour du surf contribuant à cet essor.

Toutefois, avec autant de manières différentes de cuisiner en plein air, le nombre impressionnant d'équipements disponibles, les questions juridiques et de sécurité, la tâche peut parfois s'avérer déroutante. C'est pourquoi je souhaitais écrire un livre simple et facile à utiliser sur la cuisine en plein air, utile pour le novice et rempli de nouvelles idées pour le campeur expérimenté.

Les scouts cuisinent et mangent dehors depuis que Robert Baden-Powell a organisé le premier camp scout sur l'île de Brownsea dans le Dorset en 1907. Depuis, nous avons imaginé un grand nombre de délicieuses recettes et développé un important savoir-faire en matière de cuisson en extérieur.

Ce savoir-faire est résumé dans cet ouvrage pratique, référence indispensable pour le cuisinier de plein air. Des poivrons à la mexicaine (voir page 138) et bananes grillées au chocolat (voir page 160) aux brochettes d'agneau acidulées (voir page 96) et aux œufs au feu de bois (voir page 58), voici plus de 80 recettes pour barbecues, séjours de camping, pique-niques et bien d'autres occasions.

J'ai également demandé à quelques anciens scouts célèbres de nous donner leur recette préférée, que j'ai testée et goûtée pour me faire ma propre idée. Des petits gâteaux au miel de Stephen Fry (voir page 159) au ragoût de l'Everest de Bear Grylls (voir page 89), vous découvrirez dans ce livre de nombreux talents culinaires cachés.

C'est maintenant à vous de jouer ; profitez bien de votre séjour en camping et bonne chance pour vos recettes ! Pensez à nous faire partager votre expérience.

Nick Allen

CUISINER ET MANGER EN PLEIN AIR

Vous avez décidé de partir camper. Voilà une idée courageuse en soi mais un peu de préparation est nécessaire avant le grand départ. Vous devez choisir la bonne tente, acheter des sacs de couchage, réserver votre emplacement de camping (en vérifiant que les sanitaires sont suffisamment nombreux et qu'il y a un bar correct dans les parages). Mais vous devez surtout penser à ce que vous allez manger.

La cuisine sans ustensiles remonte aux débuts du scoutisme. Vous trouverez des conseils sur la cuisine en camping dans l'ouvrage *Éclaireurs* (publié en 1908) qui vous apprendra comment cuisiner au-dessus d'un feu ou préparer le ragoût du chasseur (voir page 32).

Au fil des ans, les scouts ont imaginé des centaines de moyens ingénieux pour préparer, cuisiner et stocker leurs aliments. Lorsqu'on s'y connaît, on peut improviser toute une cuisine et une série d'ustensiles à partir du seul bois trouvé dans la forêt. On peut tout sculpter, de l'égouttoir à vaisselle à la fourchette et aux pinces, et apprendre à les manier en une ou deux heures.

La cuisine constitue aujourd'hui encore un élément essentiel du scoutisme, et la réussite d'un camp dépend aussi de la qualité des recettes qui y sont préparées. Il existe des badges pour toutes les tranches d'âge dans le scoutisme, dont celui du castor à l'alimentation saine, celui du louveteau chef ou encore celui des compétences de survie.

« LA CUISINE DOIT ÊTRE EFFICACE », AFFIRMAIT LE CHEF SCOUT PHILIP CARRINGTON EN 1918. « LA SANTÉ, L'AMBIANCE, LA MORALITÉ ET LE SUCCÈS DU CAMP DÉPENDENT DE BONS REPAS RÉGULIERS. »

QU'Y A-T-IL DE SI FANTASTIQUE DANS LE CAMPING ?

Le camping rassemble les hommes. Il permet aussi d'engranger de beaux souvenirs. Pensez à tous vos voyages et vacances passés. Desquels vous souvenez-vous encore ? Certainement pas des chambres d'hôtels avec leurs petits savons et leurs croissants secs au petit déjeuner. Mais plutôt d'une petite tente au beau milieu d'un champ, entourée d'oiseaux migrateurs installés dans le pré voisin, du lever du soleil le matin, annonçant une belle et longue journée. Vous vous préparez un café et vous hésitez entre une première baignade en mer ou une balade à pied pour découvrir le moulin à vent que l'on aperçoit au loin.

Selon Bear Grylls : « Peu importe que vous soyez à Kettering ou à Katmandou. Lorsque vous passez une nuit sous la tente, la vie vous semble plus paisible et simple. » Cela ne coûte pas grand-chose, cela ne demande pas beaucoup de préparation, et si vous n'aimez pas un endroit, vous n'avez qu'à plier votre tente, ranger vos affaires et partir. Idéal. Et avez-vous remarqué ce qu'il se passe dans les campings ? Les gens se parlent, ce qui n'est pas toujours le cas dans les grandes villes.

Le camping se vit au grand air et l'été est la saison où le monde s'anime. Lorsqu'on part camper un week-end d'été, cela peut parfois sembler beaucoup plus long. Cela s'explique car on passe alors plus de 15 heures dehors par jour. Idéal pour ceux qui aiment revenir bronzés. Mieux vaut partir camper quelques jours dans le Sud que dépenser une fortune pour chercher le soleil à l'autre bout du monde.

Les enfants adorent vivre des aventures et camper en famille. Devenir scout est parfait pour commencer. Inutile de partir loin pour vivre une expérience vraiment différente. Le monde vous semblera bien plus beau et passionnant lorsque vous jetterez un œil à l'extérieur de votre tente.

Nous sommes tous des gardiens de la planète Terre. C'est ce que nous apprenons à tous les scouts. Les proverbes relatifs au camping sont nombreux dans le monde du scoutisme. L'un d'entre eux dit : « Ne laisse aucune trace » – emporte tes déchets à la maison avec toi, pense aux personnes, aux animaux, à la faune et à la flore sauvages qui t'entourent. Un autre proverbe dit : « Ne laisse rien derrière toi si ce n'est des mercis. » Mais le scoutisme n'a pas pour ambition de dire aux gens comment ils devraient se comporter. À travers leurs activités, les scouts apprennent à comprendre et respecter la nature. Et le meilleur moyen d'apprécier ce que nous avons est de sortir et d'en profiter.

« L'ESPRIT ET LA NATURE PROFONDE DU SCOUTISME », DISAIT BADEN-POWELL. « JUSQU'À CE QUE VOUS ENTENDIEZ L'APPEL DE LA NATURE, QUE VOUS SAISISSIEZ LA JOIE DE L'ODEUR DE LA FUMÉE DU BOIS DANS VOS NARINES ET QUE VOUS ACQUÉRIEZ L'HABILETÉ DU CAMPEUR AU BOUT DE VOS DOIGTS, ALORS UNE TROUPE DE SCOUTS N'EST GUÈRE PLUS QU'UNE BRIGADE EN EXERCICE. »

Pourquoi ne pas faire votre sac et partir un samedi matin ? En quelques heures à peine, vous pourrez vous trouver au sommet d'une falaise à observer des guillemots et de petits pingouins descendre en piqué et plonger autour de vous, ou encore nager dans un lac. Vous pourrez vite vous retrouver entouré d'oiseaux et d'animaux que vous n'avez jamais vus auparavant, et de personnes que vous n'avez jamais rencontrées.

Le camping revient en force actuellement. Pourquoi ? Peut-être parce que c'est bon marché. Mais je pense qu'il y a une raison plus importante que celle-là. À mon avis, les campeurs sont plus nombreux et le scoutisme se développe également parce que les gens attendent plus de la vie. Le camping nous apprend des choses sur nous-même ; il nous rappelle que nous dépendons les uns des autres et que l'amitié, la nature et la réalisation de notre potentiel comptent parmi les choses les plus précieuses de la vie.

« Restez sec ! recommande le chef scout britannique Bear Grylls. Peu importe qu'il fasse chaud ou froid, si vous ne restez pas sec, vous risquez d'être malheureux. Veillez à toujours emporter un tapis de sol avec vous pour dormir dessus et éloignez vos affaires des côtés de la tente. Si vous êtes mouillé, déshabillez-vous tout de suite. Demandez si besoin à quelqu'un de vous prêter des vêtements, cela fait partie du plaisir ! »

IL N'EXISTE PAS DE COUR INTERNATIONALE DE CUISINE QUI VOUS CONDAMNERA SI VOUS ENFREIGNEZ LES RÈGLES. FAITES DONC CE QUI VOUS PLAÎT. GARDEZ SIMPLEMENT À L'ESPRIT CES PRINCIPES DE BASE : LA VIANDE NE DOIT ÊTRE NI TROP CUITE, NI PAS ASSEZ CUITE. FAITES TOUJOURS REVENIR LES ALIMENTS BRIÈVEMENT ET DANS L'HUILE TRÈS CHAUDE (EXCEPTÉ LES ŒUFS BROUILLÉS). N'OUBLIEZ PAS LE SEL ET LE POIVRE. NE LAISSEZ PAS UNE GAMELLE VIDE SUR LE FEU : ELLE BRÛLERA !

CUISINER AU GRAND AIR

AMÉNAGER

VOTRE CUISINE

■ Réfléchissez bien à l'endroit où installer votre cuisine. Placez-la aussi près que possible de l'alimentation en eau et sous le vent du camp, de telle sorte que le vent dominant emporte les odeurs de cuisine et de fumée, sans traverser les zones de travail.

■ Choisissez un terrain plat.

■ Prévoyez absolument un abri antifeu, ou une tente de survie.

■ Prenez également des dispositions pour protéger l'espace de travail, le tas de bois et la table lorsque le temps est humide.

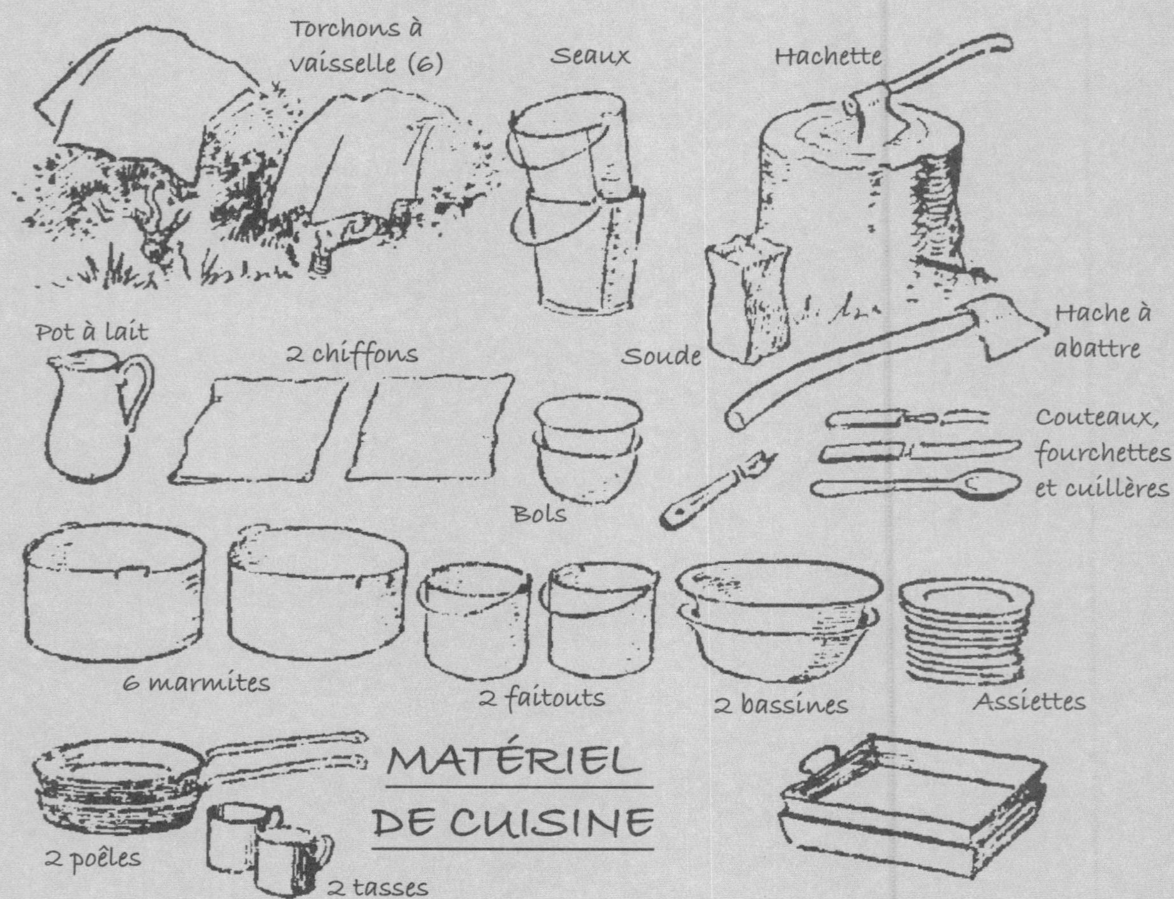

FEUX
OU RÉCHAUDS ?

Ce ne sont pas des appareils qui font cuire la nourriture, mais des personnes. Pour être plus exact, pour faire cuire de la nourriture, il est essentiel d'utiliser une source de chaleur adéquate et constante. Le feu de bois ou le réchaud portable est donc l'élément le plus important de la cuisine. Le premier a toujours été un moyen de cuisson apprécié, mais il est parfois difficile de trouver des combustibles pour l'alimenter ou des sites qui autorisent les feux.

Les réchauds de camping de toutes sortes sont de plus en plus répandus et l'approche traditionnelle de la cuisine de camping est en train de changer. Les feux de bois et les réchauds portables (à pression ou à gaz) présentent tous les deux des avantages et des inconvénients, à vous donc de décider lequel est le plus adapté à votre situation.

Les feux de bois sont généralement mieux :

Lorsque vous devez nourrir un grand nombre de personnes.

Lorsque vous passez plus de deux nuits au même endroit.

Pour les aliments dont le temps de cuisson dépasse 30 min.

Quand l'un des objectifs du camp consiste à faire découvrir les différentes techniques de cuisson possibles.

Les réchauds (à pression ou à gaz) sont généralement mieux :

Lorsque vous cuisinez pour quelques personnes seulement.

Pour les randonnées à pied et avec un sac à dos.

Lorsqu'il n'y a pas de bois disponible là où vous campez.

Lorsque vous voulez juste vous faire chauffer rapidement une tasse de café ou que vous êtes pressé.

Par mauvais temps.

Si vous en avez assez d'être aveuglé par la fumée du bois !

LES FEUX

Pour cuisiner dehors, il est indispensable de savoir préparer et allumer un feu. Il vous servira pour cuisiner mais aussi pour vous réchauffer. Avant de préparer un feu, réfléchissez bien à l'endroit où vous allez le placer. Vous devrez peut-être utiliser un support (voir page 20) si vous n'êtes pas autorisé à l'installer à même le sol. Vous aurez besoin de beaucoup de bois.

Les feux requièrent trois choses pour brûler : un combustible (le bois), de l'oxygène (qui se trouve dans l'air) et de la chaleur. S'il en manque une, votre feu s'éteindra.

Un amadou naturel

Si vous partez de rien pour démarrer votre feu, vous aurez besoin de matériaux légers. Voici cinq amadous naturels :

Daldinie concentrique – Cherchez ce champignon sur les frênes morts. Il est parfait pour allumer un feu avec un briquet à silex ou à piston.

Écorce de bouleau – Détachez de fines bandes d'écorce et réunissez-les en un petit fagot. Allumez avec un briquet à silex.

Champignon d'amadou (ou champignon « sabot de cheval ») – On le trouve sur les hêtres et les bouleaux. Utilisez la chair du champignon et un briquet à silex pour un bon résultat.

Bois sec pourri – Il se décompose lorsque vous le touchez. Prend bien avec un briquet à piston.

Massette à larges feuilles (ou quenouille) – Plante souvent trouvée à proximité des zones humides. Utilisez la touffe de poils qui s'enflamme très vite ou servez-vous des tiges pour faire du feu par friction.

Résine de pin – Recouvrez-en un matériau sec et fibreux et allumez avec un briquet à silex.

Choisir le bon bois

Tous les bois ne brûlent pas bien. L'illustration ci-contre vous aidera à identifier et trouver les meilleurs bois pour vous éclairer et vous réchauffer.

LES BOIS QUI BRÛLENT BIEN

Voici un petit poème pour vous aider à vous souvenir des différents bois et de leurs propriétés. Apprenez-le pour savoir quels bois d'allumage choisir et quels bois éviter :

Les bois durs brûlent bien et
lentement,

Frêne, hêtre, aubépine, chêne et
houx ;

Les bois tendres s'enflamment vite
et bien,

Bouleau, sapin, noisetier, mélèze et
pin ;

Mais évitez l'orme et le saule, le
châtaignier et le sycomore.

Frêne :
moyen pour allumer un feu, bon pour faire cuire des aliments.

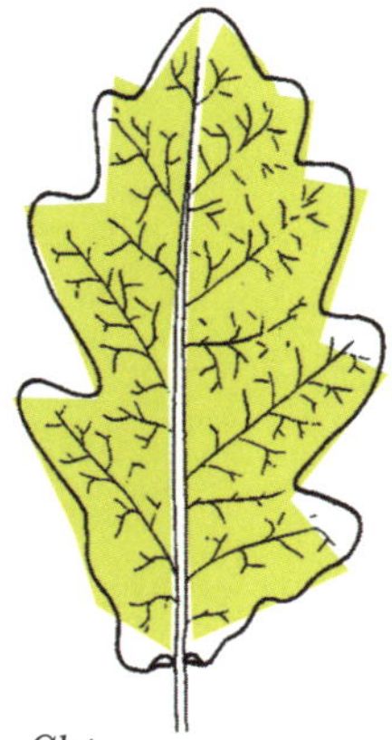

Chêne :
mauvais pour allumer un feu, moyen pour faire cuire des aliments.

Hêtre :
moyen pour allumer un feu, moyen pour faire cuire des aliments.

Pin :
bon pour allumer un feu, bon pour faire cuire des aliments.

Sycomore :
mauvais pour allumer un feu, moyen pour faire cuire des aliments.

Marronnier :
mauvais pour allumer un feu, moyen pour faire cuire des aliments.

Épicéa :
bon pour allumer un feu, bon pour faire cuire des aliments.

PRÉPARER UN FEU

Vous pouvez préparer de nombreux types de feux. Voici quelques exemples :

CONSEILS PRATIQUES

• Alimentez votre feu, ne l'étouffez pas. Si vous ne surveillez pas votre feu, surtout au début, il risque de s'éteindre.

• Réapprovisionnez-vous souvent en bois, ramassez et stockez-en pour vos prochains feux. Ne perdez pas de vue qu'il ne faut pas laisser « mourir » votre feu.

• N'utilisez jamais de paraffine ou d'essence pour allumer un feu.

Table à feu

Certains campings n'autorisent pas les feux à même le sol. On peut alors fabriquer une table à feu avec du métal ou des bûches. Ces dernières sont placées tête-bêche. La couche supérieure est ensuite recouverte de boue. Cela évite aux bûches de prendre feu et constitue une bonne base pour le feu.

Feu en étoile

Pour faire un feu en étoile, on se sert de trois bûches principales. Ces dernières sont disposées en forme d'étoile. Un petit feu est allumé au centre et, lorsque les bûches commencent à brûler, elles sont déplacées vers le centre.

Feu en tranchée

Pour réaliser ce type feu, creusez une tranchée ou un trou. Placez éventuellement une série de bûches ou de pierres le long du côté afin de vous protéger de la chaleur. Le feu est démarré dans la tranchée.

Feu en pyramide

1 Placez les premières brindilles verticalement dans le sol et entourez-les d'amadou ou de bois sec pourri. Construisez une forme de *wigwam* en entourant les premières brindilles de petit bois.

2 Utilisez des brindilles de plus en plus grosses en élargissant la forme et en laissant un espace au sol pour le feu.

3 Craquez une allumette en protégeant la flamme avec une main et en l'approchant aussi près que possible du bois.

4 Commencez par allumer l'amadou ou le bois sec pourri ainsi que le petit bois. Ajoutez des brindilles si nécessaire, jusqu'à ce que le feu s'étende aux plus gros morceaux de bois.

5 Si vous devez attiser le feu, soufflez doucement.

6 Une fois le feu allumé, ajoutez des brindilles et des branches de plus en plus grosses, puis quelques morceaux de bois à une extrémité pour qu'ils prennent feu. Lorsqu'ils se sont bien enflammés, ajoutez du bois à l'autre extrémité.

7 Quand le feu a bien pris et que la forme de *wigwam* a disparu, placez des briques ou des bûches épaisses parallèlement au sens du vent de chaque côté du feu.

8 Si vous voulez faire cuire des aliments, vous devrez attendre qu'il y ait des braises chaudes et rougeoyantes qui retiennent la chaleur.

L'art d'allumer un feu

Je suggère d'employer des méthodes « classiques » pour allumer un feu, telles que des allumettes ou un briquet.

Le combustible doit être de bonne qualité et ajouté au bon moment. Apprenez à trouver des amadous secs dans une forêt humide ; nombreux sont ceux qui apprécient l'écorce de bouleau argenté qui brûle bien, mais que faire s'il n'y a pas de bouleaux alentour ? Cherchez les branches mortes de conifères abritées sous les feuilles vertes plus en hauteur. Essayez de fendre les bûches humides qui ne se trouvent pas à même le sol ; ces dernières sont souvent suffisamment sèches pour commencer à alimenter un feu.

Préparez des réserves de bois. Lorsque vous empilez des bûches, la chaleur se propage et cela permet aussi au bois de sécher. Prévoyez du petit bois sec pour démarrer votre feu.

Éteindre un feu

Assurez-vous toujours que le feu que vous avez allumé est bien éteint lorsque vous partez. Utilisez de l'eau si besoin.

Ne laissez jamais un feu sans surveillance.

Gardez un seau d'eau, de sable ou de terre près du feu.

À RETENIR !

- Allumez votre feu 30 min au moins avant le moment où vous souhaitez faire cuire des aliments dessus. Ne posez jamais vos aliments sur de grosses flammes, car si leur chaleur est forte, elle est loin d'être constante. Attendez plutôt d'avoir de belles braises rougeoyantes, comme du charbon de bois de barbecue, pour commencer la cuisson.

- Lorsque vous quittez un endroit ou que vous allez vous coucher, vérifiez que le feu est bien complètement éteint ou qu'il ne présente aucun risque, afin d'éviter qu'il s'étende.

- Laissez l'endroit tel que vous l'avez trouvé en arrivant ; il ne doit rester aucune trace de votre passage.

- Gardez sous la main un seau d'eau, de sable ou de terre ainsi qu'une pelle, au cas où vous devriez éteindre le feu en urgence.

- Si la terre est humide, préparez votre feu sur une feuille de papier d'aluminium posée sur le sol.

LES FOURS

Vous ne trouverez pas beaucoup d'endroits où brancher un four micro-ondes en plein air, et à quoi vous servirait-il d'ailleurs ? Les scouts ont imaginé des moyens pour fabriquer leurs propres fours avec des matériaux naturels. Voici les fours les plus répandus.

FOUR EN CARTON

Ce four est amusant à fabriquer et à utiliser.

Matériaux

1 boîte en carton épais (telle qu'une boîte ayant contenu des bouteilles de vin, généralement très solide)

Ruban adhésif

1 rouleau de papier d'aluminium

1 grille métallique (ou accessoire similaire)

4 piquets de tente en métal

Et beaucoup de patience !

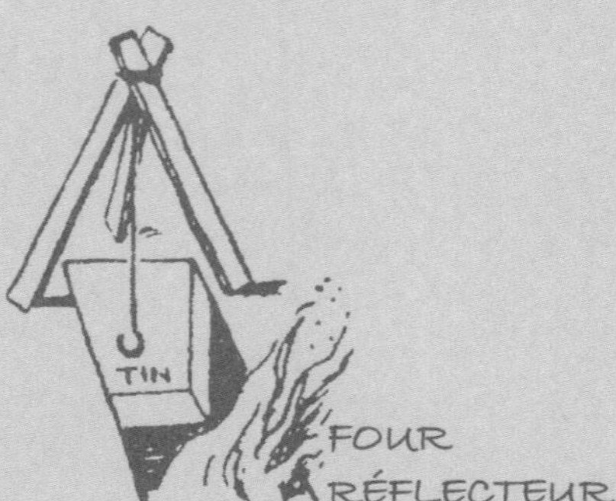

Le four réflecteur utilise une surface réfléchissante, telle qu'une fine feuille de papier d'aluminium, placée près d'un feu pour créer un environnement chaud à la manière d'un four.

Réalisation

1 À l'aide d'un couteau pointu, enlevez délicatement et mettez de côté le dessus et le fond de la boîte en carton.

2 Avec beaucoup de précaution, recouvrez complètement l'intérieur et l'extérieur de la boîte de papier d'aluminium en le fixant avec du ruban adhésif à l'extérieur. Pour cela, posez vos bandes d'aluminium à l'intérieur de la boîte en les faisant dépasser de 15 cm en haut et en bas. Repliez ensuite la partie qui dépasse vers l'extérieur et maintenez-la en place. Attention ! Le papier d'aluminium doit recouvrir *entièrement* l'intérieur de la boîte.

3 Placez le dessus mis de côté sur la boîte de manière à former un couvercle.

4 Installez la grille métallique dans la boîte en la faisant reposer sur les quatre piquets de tente que vous aurez placés dans les angles. La grille doit se trouver à 15 cm de hauteur environ.

5 Creusez un trou peu profond de même largeur et longueur que la boîte et allumez un bon feu à l'intérieur ou utilisez du charbon de bois pour obtenir les meilleurs résultats.

6 Lorsque les braises sont rougeoyantes, posez votre four au-dessus et disposez les aliments à cuire sur la grille. Remettez le couvercle et maintenez-le avec des pierres.

Si votre four fonctionne bien, vous pourrez concocter de nombreuses recettes délicieuses, telles que des pizzas maison, des grands « classiques » comme le far aux saucisses (page 70), ou des tartes et des crumbles aux fruits.

FOUR EN MÉTAL

Il s'agit d'une construction simple qui permet d'obtenir de vraiment bons résultats en cuisine. Le four consiste en une boîte métallique (par exemple une boîte à biscuits pour un petit four) que l'on place au-dessus d'un feu. Un bidon d'huile peut, par exemple, servir à fabriquer un four plus grand. Veillez à bien nettoyer le récipient choisi avant d'y mettre des aliments à cuire. Pour réaliser un grand four, procédez comme suit :

Matériaux

1 boîte en métal (taille au choix selon vos besoins), une boîte à biscuits ou un bidon d'huile par exemple

Plusieurs boîtes de conserve en métal ou un tuyau d'écoulement en métal/argile

Le couvercle du récipient choisi ou une plaque de métal

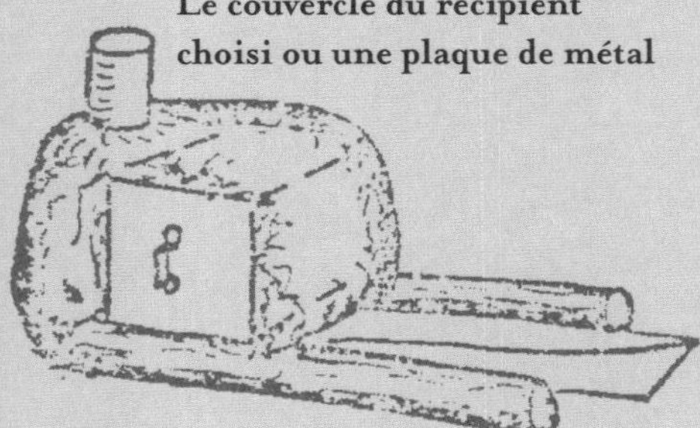

Réalisation

1 Trouvez un talus et creusez-y un trou ou une tranchée.

2 Installez votre récipient métallique à l'intérieur du trou ou au-dessus de la tranchée.

3 Préparez et allumez un feu en dessous et entourez le dessus et les côtés du four de terre ou d'argile. Méfiez-vous des pierres qui pourraient exploser à la chaleur.

4 Fabriquez une cheminée en empilant des boîtes de conserve ou en plaçant un tuyau en métal ou en argile à l'arrière de votre four, puis entourez la cheminée de terre.

5 Pour réaliser la porte du four, servez-vous du couvercle de votre récipient ou d'une plaque de métal. Vous pouvez aussi placer une grille métallique à l'intérieur du four à mi-hauteur, ce qui évitera aux aliments de brûler en bas du four.

MARMITE NORVÉGIENNE

Le principe de la cuisson en marmite norvégienne (ou cuisson à chaleur maintenue) ne repose pas sur la source de chaleur choisie mais sur la création d'un environnement isolé qui permet à des aliments déjà partiellement cuits de continuer à cuire doucement dans leur propre chaleur sans ajout de combustible. Selon le type et la quantité de nourriture, l'utilisation d'une marmite norvégienne – ou cuiseur sans feu – peut permettre d'économiser 20 à 80 % de l'énergie normalement nécessaire pour cuire les aliments concernés. Le principe est simple. Alors que pendant le processus de cuisson, la chaleur tend à s'en aller dans l'air une fois le point d'ébullition atteint, lorsque le cuiseur est isolé, la majeure partie de la chaleur emmagasinée dans la nourriture est conservée. Ainsi, aucun apport supplémentaire d'énergie n'est nécessaire pour terminer la cuisson.

La marmite norvégienne est idéale pour les ragoûts ou la cuisson du riz et du pain, mais il est important que vous ne soyez pas pressé, le temps de cuisson étant généralement multiplié par deux. Vous pouvez tout à fait faire cuire partiellement vos aliments pour le repas suivant juste après avoir terminé un repas (voir méthode page 24), afin de gagner du temps la prochaine fois.

Matériaux

1 boîte en bois solide, comme une boîte à thé, ou un trou dans le sol (tout récipient isolé pouvant supporter des températures élevées et adapté à la taille de votre casserole pourra convenir. L'air chaud ayant tendance à monter, un récipient qui s'ouvre par le fond plutôt que par le dessus retiendra plus de chaleur)

1 couverture en coton et 1 taie d'oreiller en coton

Matériau isolant : foin ou billes de polystyrène, bandes de papier journal roulées en boulettes, paille, laine, plumes, coton, balles de riz, carton, papier d'aluminium et/ou autres matériaux isolants adéquats (ils ne doivent pas dégager de fumées ou de fibres toxiques, évitez fibres de verre et mousses)

Feuilles de papier journal pour tapisser l'intérieur de la boîte

1 faitout avec couvercle

Réalisation

1 Tapissez le fond et les côtés de la boîte de couches de papier journal.

2 Disposez plusieurs couches de foin ou autre matériau isolant au fond de la boîte et jusqu'à mi-hauteur. Appuyez bien pour tasser.

3 Choisissez un faitout muni d'un couvercle et placez-le au centre de la boîte, sur le foin.

4 Ajoutez une couche de foin, ou de tout autre matériau isolant, de 4 à 10 cm d'épaisseur tout autour du faitout et jusqu'au bord. Veillez à pouvoir le soulever facilement.

5 Retirez le faitout et revêtez le « nid » ainsi formé d'une couverture en coton afin d'éviter que des morceaux de foin rentrent dans le faitout.

6 Rassemblez le reste de foin dans une taie d'oreiller en coton et posez-la sur le couvercle du faitout.

7 Surmontez le tout d'un morceau de bois ou de carton pour créer un piège à chaleur.

8 Procédez de la même manière si vous creusez un trou dans le sol. Veillez toutefois à tapisser d'abord le trou de plastique afin que l'humidité du sol ne mouille pas le papier journal.

Comment faire cuire des aliments dans une marmite norvégienne

1 Préparez votre ragoût dans un faitout comme si vous alliez le faire mijoter sur un réchaud, en veillant toutefois à remplir le faitout au maximum.

2 Portez à ébullition et laissez mijoter pendant quelques minutes selon les aliments à cuire (5 min pour le riz ou d'autres grains, 15 min pour de gros haricots secs ou des pommes de terre entières). Comptez un tiers du temps de cuisson total.

3 Transférez rapidement le faitout dans la marmite norvégienne (voir ci-dessus) alors qu'elle bout encore et poursuivez la cuisson.

4 Lorsque vous êtes prêt à manger, retirez le faitout de la marmite et portez à ébullition en remuant de temps en temps, afin que l'ensemble du ragoût soit bien chaud. Servez sans attendre.

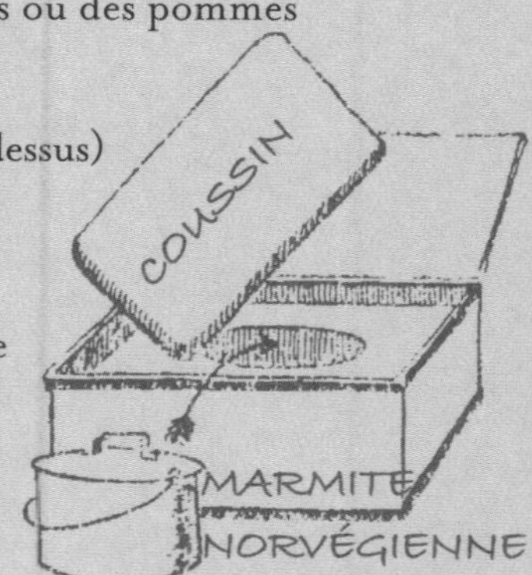

FOUR HAWAÏEN

Également connu sous le nom de four souterrain ou four en terre, il était traditionnellement utilisé en Polynésie et dans les Amériques. Des feuilles de chou servent à créer de la vapeur et il s'agit donc plutôt d'une forme de cuisson à la vapeur plutôt que de la chaleur sèche d'un four classique. On se servait à l'origine de feuilles de cocotier ou de bananier. L'essentiel est de réussir à calculer le temps de cuisson nécessaire pour vos aliments, selon leur type et leur poids. Plusieurs essais sont souvent nécessaires.

Matériaux

1 trou carré dans le sol, 30 cm de côté et 60 cm de profondeur

Plusieurs pierres lavées

1 gros chou

Réalisation

1 Allumez un feu dans le trou et, une fois que les flammes ont cédé la place à des braises bien chaudes, placez les pierres sur les braises.

2 Disposez délicatement deux ou trois couches de feuilles de chou sur les pierres et placez les aliments à cuire dessus.

3 Ajoutez trois autres couches de feuilles, puis recouvrez de terre, en veillant à ce que la vapeur ou la fumée ne puisse pas s'échapper du trou.

4 Le temps de cuisson est généralement de 5 à 6 h, mieux vaut donc préparer le four et les aliments à cuire dès le matin si vous êtes ensuite occupé toute la journée. Ainsi, votre four sera bien chaud lorsque vous rentrerez le soir pour dîner.

FOUR MAORI

LE SCOUT PARFAIT PEUT VIVRE SUR UNE ÎLE DÉSERTE AVEC UN CANIF ET UN TOMAHAWK.

PHILIP CARRINGTON,
CHEF SCOUT ET AUTEUR, 1918

LES RÉCHAUDS DE CAMPING

L'équipement de votre cuisine extérieure dépendra beaucoup du nombre de bouches à nourrir et du nombre de repas à préparer. Si vous campez seul et pour une nuit, un réchaud ultra léger, tel que le Trangia, sera parfait ; pour une famille ou un plus grand groupe, un équipement plus robuste sera nécessaire. Faites le tour des magasins et n'hésitez pas à demander conseil, il y a des chances que les responsables de la boutique du camping soient eux-mêmes des campeurs avertis. Entraînez-vous dans votre jardin et par beau temps avant de partir en expédition. Mieux vaut, en effet, ne pas apprendre à vous servir de votre réchaud dans le noir et sous la pluie.

Quantité de chaleur

Si vous cuisinez pour deux ou trois personnes seulement, un réchaud à alcool comme le Trangia sera parfait et vous pourrez peut-être même vous débrouiller avec un minuscule réchaud à combustible solide, tel que la méthénamine. Pour des plats plus compliqués ou un plus grand nombre de personnes, mieux vaut opter pour un réchaud plus puissant.

Poids et portabilité

Pour un camp fixe, le réchaud traditionnel Primus ou la valise réchaud à gaz avec plusieurs brûleurs conviennent parfaitement. Si vous vous déplacez et transportez votre matériel de cuisine, mieux vaut choisir un réchaud plus léger.

Combustible

Certains combustibles sont plus coûteux ou plus difficiles à trouver. Si les réchauds à gaz sont légers et simples d'utilisation, vous ne trouverez pas toujours des bouteilles adaptées. Le combustible Trangia est bon marché et facile à trouver. Les réchauds multicombustibles sont très pratiques et offrent une bonne chaleur, mais informez-vous bien car ils sont chers et parfois capricieux. Sachez que certains combustibles ne fonctionnent pas bien lorsqu'il fait froid et que d'autres sont d'un usage plus risqué si vous campez avec de jeunes enfants. Les réchauds pressurisés à essence peuvent, par exemple, être particulièrement dangereux.

LE FOUR HOLLANDAIS

Avec un peu de pratique (et de la patience), vous pourrez faire cuire dans un four hollandais presque tous les aliments que vous cuisinez habituellement dans un four normal ou sur une plaque de cuisson.

Cette méthode de cuisson remonte à plusieurs centaines d'années. Les aliments sont traditionnellement cuits dans de robustes marmites en fonte munies d'un couvercle et généralement de poignées. La forme la plus courante est originaire des régions baltiques de l'Europe, mais ces marmites sont aussi fabriquées en Angleterre depuis 1710. Le four hollandais est idéal pour les aliments qui doivent cuire longtemps et lentement, la fonte retenant la chaleur.

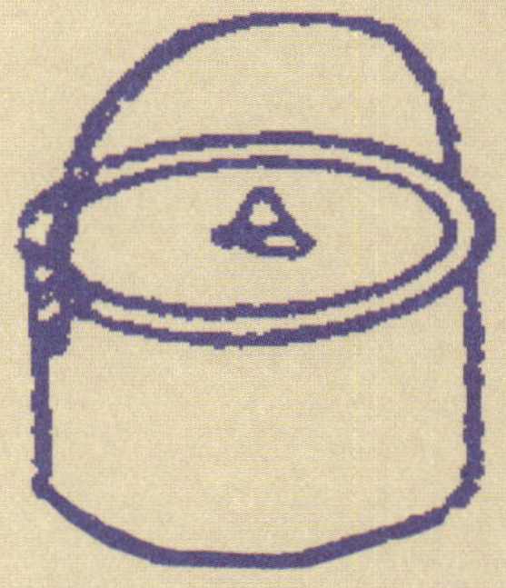

Comment faire cuire un poulet dans un four hollandais

Pour faire cuire un poulet dans un four hollandais, comptez 25 min pour 500 g. Pour atteindre la température de cuisson désirée, utilisez du charbon de bois (en briquettes ou morceaux), que vous répartirez en une couche homogène sous la marmite et sur le couvercle. Versez 30 cl d'eau dans la marmite contenant le poulet, un cube de bouillon de volaille, du sel, du poivre, puis couvrez.

Afin que la chaleur reste homogène, il est bon de faire pivoter la marmite de temps en temps. Essayez une rotation d'un tiers dans le sens des aiguilles d'une montre toutes les 15 min environ et faites pivoter le couvercle de la même manière mais dans le sens inverse des aiguilles d'une montre.

30 min environ avant la fin de la cuisson, ajoutez des pommes de terre nouvelles puis, 15 min après, des carottes et des brocolis. Patientez quelques minutes et vous pourrez déguster un délicieux poulet avec sa garniture. Veillez toutefois à vérifier qu'il est bien cuit et que le jus qui s'écoule de la volaille est transparent.

ACHETEZ UN AUTOCUISEUR !

Je pense vraiment qu'avec un peu de préparation et d'organisation, vous pouvez presque faire cuire tous les aliments que vous souhaitez dans une cuisine de camping ou sur un feu de camp. J'ai déjà vu des photos de scouts américains se servant de boîtes aux lettres métalliques en guise de fours. Pour ma part, j'ai expérimenté l'autocuiseur, qui donne d'excellents résultats.

Utilisé d'une manière classique, l'autocuiseur est très efficace, demandant moins de temps et consommant moins de combustible que les casseroles classiques. Au camp, nous avons réussi à faire cuire un ragoût de bœuf et des boulettes de viande sur un réchaud à gaz en 40 min.

Ingrédients

225 g de farine à pain

1 sachet de levure sèche active (7 g)

1 cuil. à café de sel

Farine, pour saupoudrer

AUTOCUISEUR D'OCCASION

Pas besoin d'investir dans un autocuiseur neuf, nous avons acheté le nôtre pour presque rien dans un vide-grenier.

Comment faire du pain dans un autocuiseur

1 Réunissez les ingrédients dans un saladier et versez suffisamment d'eau pour former une pâte ferme et élastique. Transférez-la sur un plan de travail légèrement fariné et pétrissez 5 min. Formez une boule et mettez-la dans un moule. Elle doit arriver environ à mi-hauteur. Couvrez et laissez lever. Le pain est prêt à cuire lorsque la pâte dépasse de 2 cm environ du bord du moule.

2 Placez une soucoupe retournée au fond de l'autocuiseur et versez environ 2,5 cm d'eau. Posez le moule contenant le pain sur la soucoupe, couvrez et fermez bien l'autocuiseur. Faites monter en pression et laissez cuire 20 min environ. Le pain obtenu n'est, certes, pas croustillant, mais tous les scouts l'ont dévoré, donc peu importe !

(*Avec mes remerciements à Jo Lawson, chef scout adjoint, groupe de scouts d'Amberley, comté du Gloucestershire.*)

Comment préparer un ragoût dans un autocuiseur

Réunissez les ingrédients dans l'autocuiseur. Placez-le sur la source de chaleur et faites monter en pression, puis laissez cuire 30 min. Ce ragoût fut vraiment le bienvenu après une journée passée à couper des branches le long d'une voie de chemin de fer. Le ragoût cuit ainsi est meilleur avec de l'agneau et du bœuf mais peut aussi se préparer avec du poulet. Si vous utilisez de la viande rouge, augmentez la cuisson de 15 min environ.

LES MÉTHODES DE CUISSON

Nous en aurions vite assez si nous devions manger tous les jours les mêmes aliments cuits de la même manière. Heureusement, nombreux sont les aliments qui peuvent être cuits de plusieurs façons, offrant des goûts et des consistances différents. Le temps de cuisson variera selon la méthode (vérifiez toujours sur la recette pour connaître le temps de cuisson à prévoir).

Si vous utilisez plusieurs méthodes de cuisson, assurez-vous toujours que votre plat est bien cuit et que tous les ingrédients qui le composent pourront être servis en même temps.

De nombreux aliments sont meilleurs agrémentés d'herbes ou de sauces et vous pouvez tout à fait en user, même en camping. Ce n'est pas parce que l'on est en camping que l'on doit se résoudre à manger des plats fades. Voici quelques-unes des méthodes ou techniques de cuisson auxquelles vous pouvez recourir.

VARIER LA MÉTHODE DE CUISSON

La plupart des recettes de ce livre indiquent une méthode de base pour cuisiner sur un feu de camp. Vous n'êtes pas pour autant obligé de la suivre. Vous pouvez parfaitement choisir une autre méthode de cuisson, plus adaptée à votre camp et à vos habitudes.

Pensez toutefois à adapter les temps de cuisson selon la méthode utilisée. Sur un barbecue, par exemple, les aliments cuiront plus vite que sur un feu de camp ; si vous utilisez un four, le temps de cuisson sera, en revanche, plus long, surtout si vous ajoutez le temps de fabrication du four !

Faire bouillir - cuisson à l'eau (« Cela bout lorsque vous apercevez des bulles ! »)

Voici la méthode la plus simple et la plus courante pour faire cuire des aliments. C'est aussi celle qui présente le moins de risques, à condition toutefois de ne pas laisser la casserole chauffer à sec ! Vous pouvez de cette manière faire cuire la plupart des légumes, le riz et les pâtes, le temps cuisson à partir du moment où l'eau bout variant entre 10 min pour les légumes verts et 30 min pour les légumes plus durs, comme les carottes. Les légumes-racines doivent être placés dans l'eau alors qu'elle est encore froide, tandis que les légumes verts sont meilleurs si vous les plongez dans l'eau bouillante. Tous les légumes peuvent être cuits avec un couvercle, mais on l'évitera pour les pâtes. Veillez à ne pas les faire trop cuire car ils tendraient alors à perdre leur couleur, leur goût, à changer de consistance et leur valeur nutritive serait également moindre.

Faire mijoter - cuisson à l'eau en dessous du point d'ébullition

Il s'agit de porter les aliments à ébullition, puis de les laisser mijoter à une température tout juste inférieure au point d'ébullition, ou à petits bouillons. Un vieux proverbe affirme qu'un ragoût bouilli est un ragoût raté. Cette méthode

RECETTE ORIGINALE NUMÉRO 1 DE

ROBERT BADEN-POWELL

LE RAGOÛT DU CHASSEUR

COUPEZ LA VIANDE EN PETITS DÉS DE 2 À 3 CM. GRATTEZ ET COUPEZ LES LÉGUMES DE VOTRE CHOIX, TELS QUE DES POMMES DE TERRE, DES CAROTTES ET DES OIGNONS, ET RÉUNISSEZ-LES DANS VOTRE GAMELLE. AJOUTEZ DE L'EAU OU DU BOUILLON JUSQU'À MI-HAUTEUR DU RÉCIPIENT. MÉLANGEZ DE LA FARINE, DU SEL ET DU POIVRE ET RETOURNEZ LA VIANDE DANS CE MÉLANGE POUR BIEN L'ENROBER, PUIS DÉPOSEZ-LA DANS LA GAMELLE. L'EAU DOIT TOUT JUSTE RECOUVRIR LES INGRÉDIENTS. PLACEZ LA MARMITE AU MILIEU DES BRAISES ET LAISSEZ MIJOTER DE 1 H À 1 H 15. LES POMMES DE TERRE SONT LES PLUS LONGUES À CUIRE. UNE FOIS QU'ELLES SONT CUITES (TESTEZ AVEC UNE FOURCHETTE), LE RAGOÛT EST PRÊT.

EXTRAIT D'*ÉCLAIREURS*, 1908

s'emploie généralement pour faire cuire de la viande ou des fruits. Pour la viande, il faut compter au moins 1 h de cuisson une fois le liquide à ébullition. Les légumes-racines sont généralement inclus dans les ragoûts de viande dès le début alors que les légumes plus tendres, comme les pommes de terre, doivent être ajoutés à mi-cuisson afin de ne pas être trop cuits et réduits en purée. Pour les ragoûts de viande, veillez à ajouter des cubes de bouillon ainsi qu'une sauce en poudre, il en existe de très variées qui peuvent faire toute la différence. Pour les fruits, ajoutez du sucre. Quel que soit le ragoût, le temps de cuisson étant long, il est important de bien maîtriser le feu.

Faire frire - cuisson dans l'huile bien chaude, une pellicule de graisse recouvrant le fond de la poêle

C'est la méthode la plus courante en camping, mais aussi la plus difficile. Le principal problème consiste à maintenir une source de chaleur modérée au-dessus d'une zone de cuisson suffisamment grande pour cuisiner pour deux ou trois personnes. Si le feu fournit une zone de cuisson suffisante, il peut être difficile de maintenir la bonne température plus de quelques minutes. Quant aux réchauds, si la température est plus facile à contrôler sur une certaine période, les brûleurs sont rarement assez larges pour faire cuire de grandes quantités. Cette méthode de cuisson, qui utilise de la graisse, a eu mauvaise presse au cours de ces dernières années pour des raisons de santé et on tend donc à l'employer avec modération.

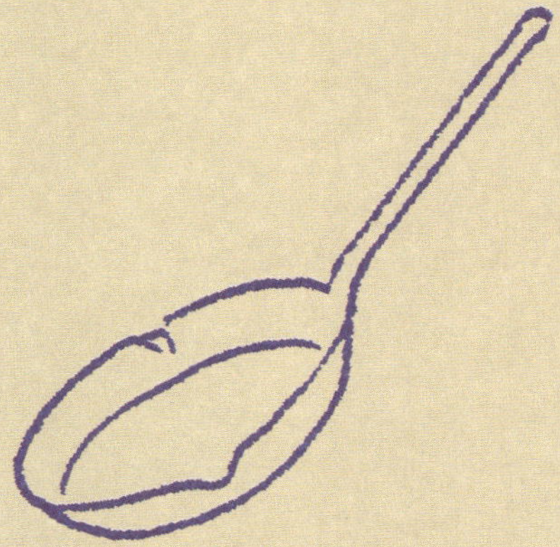

Faire sauter - cuisson rapide à feu vif

Cette méthode présente l'avantage de pouvoir faire cuire tous les aliments – viande et légumes – en même temps dans un seul récipient. Elle très utile en camping, car elle ne requiert pas beaucoup de place sur le feu, permet de limiter le temps de cuisson et de servir un plat complet. Veillez toutefois à cuire la viande avant les légumes par exemple, les temps de cuisson étant souvent différents.

CONSEILS PRATIQUES

Si vous maîtrisez la cuisson au four, vous pourrez varier les méthodes de cuisson. Cela nécessitera, certes, un petit effort supplémentaire au début – par exemple la fabrication d'un four –, mais vous obtiendrez des résultats impressionnants. Quel plaisir de cuisiner au grand air en partant de rien !

Faire cuire au four – vous pouvez faire cuire ou rôtir des aliments dans un four de camping fabriqué avec une boîte à biscuits ou toute autre boîte métallique similaire, recouverte de terre ou d'argile et équipée d'une cheminée (voir page 23)

Ce dispositif permet de profiter de la chaleur d'un feu brûlant dans une tranchée creusée en dessous du four et donne un très bon résultat. Le temps de cuisson est toutefois difficile à prévoir et plusieurs essais sont parfois nécessaires. La plupart des aliments peuvent être cuits au four, des gâteaux et pains aux viandes et légumes. Les pommes de terre peuvent être ainsi cuites, enveloppées dans du papier d'aluminium, puis déposées dans les braises rougeoyantes du feu une fois les flammes éteintes. Le rôtissage est plutôt utilisé pour la viande et les légumes.

Faire rôtir en cocotte – une méthode permettant de faire cuire de la viande sans four

Dans l'idéal, procurez-vous une grande cocotte d'une contenance de 7 à 8 l et de 20 cm de diamètre. Les légumes-racines durs, comme les navets, les rutabagas et les panais, sont coupés en gros morceaux (les oignons sont meilleurs entiers), bien serrés au fond de la cocotte sur 10 cm environ de hauteur et simplement recouverts d'eau. La viande est ensuite déposée sur les légumes, sans contact avec le liquide. La cocotte est portée à ébullition et on laisse ensuite mijoter à couvert jusqu'à ce que la viande soit tendre, généralement 30 min environ par 500 g, selon les morceaux. Ouvrez régulièrement la cocotte pendant la cuisson, afin d'être sûr qu'elle ne chauffe pas à sec.

Faire griller – cuisson au grill au-dessus ou en dessous d'une source de chaleur directe et forte

Cette méthode convient pour de fins morceaux de viande, poisson, volaille ou gibier, quelques légumes, comme les champignons et les tomates, et le pain (pour des toasts). C'est une méthode de cuisson assez rapide qui nécessite une surveillance, les aliments devant souvent être retournés en cours de cuisson. Le barbecue fonctionne selon ce principe.

RECETTE ORIGINALE NUMÉRO 2 DE

ROBERT BADEN-POWELL

LE PAIN

LORSQU'UN SCOUT PRÉPARE DU PAIN, IL DOIT COMMENCER PAR RETIRER SA VESTE ET L'ÉTENDRE PAR TERRE, L'INTÉRIEUR VERS LE HAUT (AFIN QU'ON NE VOIE PAS LES ÉVENTUELS DÉGÂTS À L'EXTÉRIEUR LORSQU'IL LA PORTERA ENSUITE) ; PUIS IL FORME UN TAS DE FARINE SUR LA VESTE ET CREUSE UN PUITS AU CENTRE DANS LEQUEL IL VERSE DE L'EAU CHAUDE ; IL MÉLANGE ENSUITE LA PÂTE AVEC 1 OU 2 PINCÉES DE SEL, PUIS AJOUTE DE LA LEVURE ET PÉTRIT, JUSQU'À CE QU'IL OBTIENNE UNE BOULE DE PÂTE BIEN HOMOGÈNE. ENSUITE, IL SE FARINE LÉGÈREMENT LES MAINS AFIN D'ÉVITER QUE LA PÂTE COLLE, IL TAPOTE LA PÂTE ET FORME UN LONG PAIN OU PLUSIEURS PETITS.

IL LE DÉPOSE ENSUITE SUR UN GRIL AU-DESSUS DE BRAISES CHAUDES OU ÉCARTE UNE PARTIE DES CENDRES SUR UN CÔTÉ ET, SUR LE SOL CHAUD, POSE SON PAIN QU'IL ENTOURE DE CENDRES CHAUDES ET LAISSE CUIRE AINSI. SEULS LES PAINS PAS TROP GROS PEUVENT ÊTRE CUITS DE CETTE MANIÈRE.

EXTRAIT D'*ÉCLAIREURS*, 1908

CONSEIL PRATIQUE

Vous n'avez pas toujours besoin d'eau bouillante pour faire cuire des aliments à la vapeur. En utilisant du papier ou des végétaux humides pour créer de la vapeur, vous donnerez à vos recettes une agréable saveur fumée.

Pocher - cuisson des aliments dans l'eau bouillonnante

L'eau est portée à ébullition et le bouillonnement maintenu juste en dessous du point d'ébullition. Cette méthode de cuisson s'utilise pour les œufs et le poisson. Les œufs peuvent être cuits un par un en les cassant au-dessus d'une assiette ou d'une soucoupe, puis en les faisant glisser dans l'eau bouillante. En vous aidant de deux cuillères, recouvrez les jaunes avec le blanc des œufs. La casserole doit ensuite être couverte ; compter 5 à 6 min de cuisson. Pour le poisson, recouvrez d'eau légèrement salée et laissez cuire jusqu'à ce qu'il s'émiette facilement, soit 10 min environ pour un morceau de 500 g.

Cuire à la vapeur - les aliments sont cuits dans la vapeur résultant de l'eau bouillante

Cette méthode de cuisson peut s'employer pour le poisson, la volaille, les légumes ou les desserts. Deux méthodes existent : la première consiste à verser un peu d'eau dans une casserole munie d'un couvercle qui ferme bien et à la garder « bouillonnante », la vapeur qui en résulte cuisant les aliments ; la seconde consiste à utiliser un autocuiseur prévu à cet effet. Le temps de cuisson varie considérablement selon les aliments. Par exemple, pour des filets ou des morceaux de poisson assez fins, comptez de 10 à 15 min, pour un poulet entier de 3 à 4 h, pour des légumes 5 min de plus que la cuisson bouillie et pour les desserts de 2 à 3 h. Quelle que soit la méthode choisie, n'oubliez pas de vérifier régulièrement que les aliments ne cuisent pas à sec.

Braiser - cuisson des aliments dans un four, dans un récipient fermé hermétiquement

Cette méthode, tout comme celle du rôtissage en cocotte, est une méthode de cuisson lente qui requiert donc plus de préparation. Elle peut être employée pour la viande (de préférence des petits morceaux plutôt qu'un rôti entier), le poisson, la volaille, le gibier et les légumes.

RECETTE ORIGINALE NUMÉRO 3 DE

ROBERT BADEN-POWELL

LES KEBABS

COUPEZ LA VIANDE EN TRANCHES D'ENVIRON 2 CM D'ÉPAISSEUR ; COUPEZ CES TRANCHES EN PETITS MORCEAUX DE 2,5 À 3,5 CM. ENFILEZ PLUSIEURS MORCEAUX DE VIANDE SUR UNE PIQUE À BROCHETTE EN BOIS OU EN MÉTAL ET PLANTEZ-LA DEVANT LE FEU OU SUSPENDEZ-LA AU-DESSUS DES BRAISES CHAUDES PENDANT QUELQUES MINUTES, JUSQU'À CE QUE LA VIANDE SOIT RÔTIE.

EXTRAIT D'*ÉCLAIREURS*, 1908

MESURER DES QUANTITÉS EN CAMPING

À la maison, nous sommes sûrs d'avoir le matériel qu'il faut pour mesurer les quantités dont nous avons besoin. En camping, nous risquons de devoir nous contenter de ce que nous avons pour mesurer. Toutes les recettes de ce livre fournissent des indications en grammes ou litres ainsi qu'en tasse de camping standard (25 cl), afin que vous puissiez mesurer facilement vos ingrédients sans emporter de matériel supplémentaire avec vous.

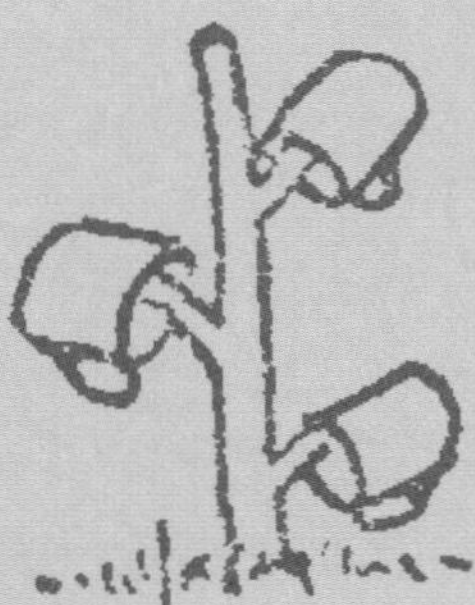

Voici quelques exemples d'équivalences :

25 g de farine, cacao en poudre, crème anglaise en poudre = 1 cuil. à soupe bien bombée.

25 g de sucre en poudre, riz, beurre, huile = 1 cuil. à soupe rase.

25 cl de liquide = 1 tasse de camping standard.

Vous pouvez utiliser une tasse de camping pour mesurer toutes sortes de quantités. Par exemple, si vous la remplissez légèrement, elle contiendra à peu près les poids suivants :

125 g de farine

200 g de sucre en poudre

100 g de fromage râpé

175 g de riz

150 g de fruits secs

Lorsque c'est possible, vous pouvez, bien évidemment, préparer ou peser les ingrédients chez vous avant de partir en camping ou vérifier la contenance d'autres récipients si vous n'emportez pas de tasse de camping standard.

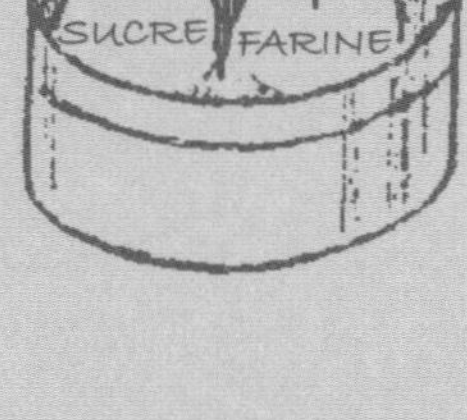

CONSEILS ESSENTIELS POUR CUISINER EN CAMPING

■ Lavez-vous toujours les mains avant de toucher à la nourriture.

■ Nettoyez soigneusement l'intérieur de tout votre matériel de cuisine.

■ Vérifiez que les aliments surgelés sont bien dégelés avant de cuisiner.

■ Si vous faites frire des aliments sur un feu de bois, couvrez la poêle ou protégez-vous.

■ Pour un réchaud portable, vérifiez que vous avez suffisamment de combustible.

■ Si vous utilisez un feu de bois, assurez-vous que la grille supportera le poids de votre récipient.

■ Sur un feu de bois, veillez à l'allumer suffisamment longtemps à l'avance, car ce n'est pas comme si vous allumiez un four.

■ Les meilleurs feux pour cuisiner sont, non seulement, sans fumée, mais également pratiquement sans flammes. Un bon lit de braises chaudes fournira une chaleur constante, et c'est précisément le secret d'une bonne cuisine.

■ Si vous utilisez un feu de bois, enduisez l'extérieur de vos ustensiles de cuisine de produit vaisselle avant utilisation, ils seront ainsi plus faciles à nettoyer après.

■ Laissez un récipient rempli d'eau chaude sur le feu ou le réchaud, vous aurez ainsi toujours sous la main de l'eau pour laver votre vaisselle.

■ Pensez à alimenter le feu sous le récipient d'eau avant de vous asseoir pour manger.

■ Évitez de soulever de lourds récipients remplis d'eau bouillante pour transférer de l'eau, servez-vous d'un pot ou d'une louche afin d'éviter les brûlures.

■ Les poignées des ustensiles de cuisine peuvent devenir très chaudes, enfilez des gants de cuisine ou servez-vous de maniques.

■ Présentez vos recettes d'une manière appétissante avant de les servir. Une recette « parfaite » peut être peu ragoûtante si elle n'est pas bien servie.

■ Gardez votre cuisine rangée si vous voulez pouvoir y trouver tout ce que vous cherchez.

■ Brûlez ou jetez les déchets alimentaires juste après chaque repas.

■ Lorsque vous enlevez un couvercle, placez-le toujours côté chaud vers le sol.

■ Posez toujours les cuillères, louches et autres ustensiles de cuisine sur une assiette plutôt qu'à même le sol.

■ Pour finir, souvenez-vous que rien ne sert d'être trop nombreux en cuisine.

VOUS POUVEZ DEVINER
LE CARACTÈRE
D'UN SCOUT
AU NOMBRE DE
RAISINS SECS
QU'IL MET DANS SON
PORRIDGE.

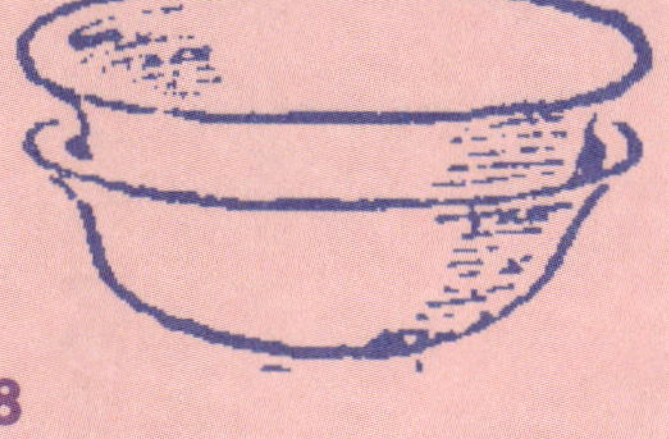

PHILIP CARRINGTON,
CHEF SCOUT ET AUTEUR, 1918

ON DEVRAIT POUVOIR PROFITER DE DÉLICIEUSES RECETTES EN PLEIN AIR EN DEHORS DES HEURES DES REPAS. VOICI QUELQUES AMUSE-GUEULES, GRIGNOTAGES ET EN-CAS AUX SAVEURS INTERNATIONALES AINSI QUE QUELQUES CLASSIQUES DU SCOUTISME.

GRIGNOTAGES ET EN-CAS

PAIN PLAT MAROCAIN
ET TZATZIKI MAISON

POUR 6 PERSONNES

500 g de farine blanche forte, pil. à soupe de sel
1 cuil. à café de cumin en poudre
3 cuil. à soupe d'huile d'olive
1 sachet de levure à action rapide (7 g)
Beurre, pour graisser

POUR LE TZATZIKI

250 g de yaourt nature
½ concombre, épépiné et râpé
1 gousse d'ail, écrasée
20 feuilles de menthe fraîche, ciselées finement
Sel et poivre

Il n'y a qu'un seul problème avec la nourriture marocaine : elle est très appétissante !

1 Préparez le tzatziki. Mélangez tous les ingrédients dans un saladier, salez et poivrez, puis réservez dans une glacière.

2 Réunissez la farine, le sel, le cumin, l'huile d'olive et la levure dans un autre saladier, puis versez peu à peu 30 cl d'eau chaude, jusqu'à obtention d'une pâte souple mais pas humide.

3 Placez la pâte dans un saladier graissé recouvert de film alimentaire pendant 30 min environ, jusqu'à ce qu'elle ait doublé de volume.

4 Retournez la pâte sur une double couche de papier d'aluminium légèrement fariné et étalez-la à l'aide d'un rouleau à pâtisserie ou d'une bouteille de vin vide bien propre, pour obtenir un cercle de 1 cm environ d'épaisseur. Découpez-le en petits morceaux (triangles ou rectangles par exemple) avec des ciseaux, selon le nombre de convives.

5 Faites cuire les pains plats directement sur une grille de barbecue chaude pendant 1 ou 2 min de chaque côté (ou jusqu'à ce qu'ils soient légèrement gonflés et que vous entendiez un son creux lorsque vous les tapotez). Vous pouvez aussi poser une feuille d'aluminium directement sur les braises chaudes du feu et disposer les pains plats dessus ; laissez cuire également 1 ou 2 min.

PRENEZ UN PEU D'AVANCE Préparez la pâte à pain chez vous avant de partir camper. Enveloppez-la bien et étalez-la une fois sur place pour la faire cuire sur votre barbecue ou feu de camp.

JE PEUX ALLUMER UN

FEU

AVEC DEUX BÂTONS SI
L'UN D'EUX EST UNE

ALLUMETTE.

VIEILLE BLAGUE

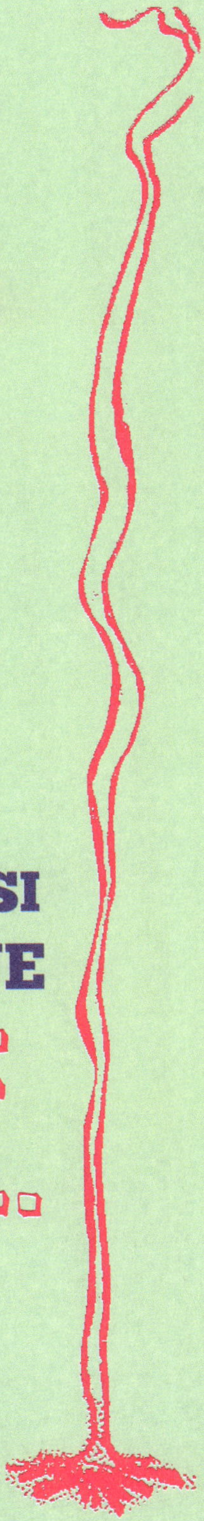

QUARTIERS DE POMMES DE TERRE RÔTIS
AU PAPRIKA FUMÉ

POUR 6 PERSONNES

8 pommes de terre (dans l'idéal maris piper ou king edward), avec ou sans la peau selon vos préférences
1 filet d'huile d'olive, plus pour graisser
1 cuil. à café de paprika fumé
Sel et poivre

Voici ce qui ressemble le plus à des frites dans ce livre, donc régalez-vous ! Le paprika apporte simplement un peu de couleur et de saveur à la pomme de terre commune ou de jardin.

1 Coupez chaque pomme de terre en 8 à 12 quartiers environ.

2 Placez les quartiers sur une double couche de papier d'aluminium graissé. Badigeonnez-les d'un peu d'huile d'olive, assaisonnez avec du sel, du poivre et du paprika fumé. Repliez le papier d'aluminium autour des quartiers de manière à obtenir une papillote bien fermée.

3 Déposez la papillote directement sur les braises rougeoyantes du feu et laissez cuire de 40 à 60 min. Retournez la papillote une fois à mi-cuisson.

POUR CHANGER UN PEU

• Faites cuire les quartiers de pommes de terre dans une poêle posée à même les braises du feu.

• Les pommes de terre peuvent également être placées dans un plat graissé et cuites dans un four de camping (voir pages 22-25), rallongez simplement le temps de cuisson de 10 à 15 min.

POUR 2 À 3 PERSONNES
½ baguette (15 cm de long environ)
50 g de beurre ou de margarine
½ gousse d'ail écrasée ou 1 pincée d'ail en poudre ou de sel d'ail

PAIN À L'AIL

Voici une variante bien moins coûteuse et bien plus savoureuse que le pain à l'ail vendu dans le commerce. Ajoutez 25 g de fromage au mélange si vous préférez le pain aillé au fromage.

1 Entaillez profondément le pain tous les 2,5 cm environ, sans toutefois couper la croûte inférieure. Écartez légèrement les entailles afin de pouvoir insérer du beurre ou de la margarine entre les tranches, en veillant toujours à ne pas casser la croûte inférieure.

2 Mélangez le beurre ou la margarine avec l'ail et tartinez généreusement l'intérieur des entailles du pain de cette préparation.

3 Reformez le pain en rapprochant les tranches et enveloppez-le sans serrer dans une double couche de papier d'aluminium.

4 Placez le pain en papillote directement sur les braises rougeoyantes du feu pendant 15 min environ en le retournant régulièrement.

POUR CHANGER UN PEU

• Disposez les asperges sur une double couche de papier d'aluminium graissé, formez une papillote et placez-la directement sur les braises rougeoyantes du feu ou dans un four de camping (voir pages 22-25) ; comptez le même temps de cuisson.

• Faites cuire les asperges dans une poêle à feu vif sur un réchaud de camping, toujours avec le même temps de cuisson.

POUR 4 PERSONNES

12 asperges
10 cl de crème fraîche
100 g de fromage bleu à pâte tendre (tel que le Dolcelatte)
1 cuil. à soupe de ciboulette, finement ciselée
1 filet d'huile d'olive
Sel et poivre

ASPERGES GRILLÉES
ET SAUCE AU BLEU

Si vous n'aimez pas le fromage, oubliez cette recette ! L'asperge et le bleu se marient parfaitement, même si on ne les associe pas souvent. Voici l'occasion d'essayer.

1 Coupez les asperges à 10 cm environ, ou raccourcissez-les « naturellement » en les pliant pour ôter l'extrémité dure.

2 Arrosez les asperges d'un filet d'huile d'olive, salez, poivrez et placez-les directement sur la grille d'un barbecue chaud.

3 Retournez régulièrement les asperges et laissez-les cuire 8 à 10 min jusqu'à ce qu'elles soient légèrement ridées et tendres au toucher.

4 Avec le dos d'une cuillère, écrasez la crème et le bleu jusqu'à obtention d'une préparation lisse et crémeuse. Agrémentez de ciboulette.

5 Plongez vos pointes d'asperges dans la sauce au bleu pendant qu'elles sont encore bien chaudes.

SOUPE À L'ORTIE ET À L'AIL SAUVAGE

POUR 4 PERSONNES
400 g de feuilles d'orties
1 petit poireau, émincé
2 oignons, coupés en petits dés
2 grosses pommes de terre, pelées et coupées en petits dés
1 gousse d'ail, écrasée
2 l de bouillon de légumes, frais ou préparé avec 1 cube de bouillon
100 g d'ail sauvage, finement émincé
10 cl de crème fraîche épaisse
Sel et poivre

Bien que cette soupe puisse sembler quelque peu exotique, il s'agit d'une recette britannique traditionnelle. Elle est très simple à préparer et ses ingrédients faciles à trouver.

1 Lavez soigneusement les feuilles d'orties, en veillant à ne pas vous piquer (dans l'idéal, équipez-vous de gants en caoutchouc), puis réunissez tous les ingrédients, excepté l'ail sauvage et la crème fraîche, dans une casserole.

2 Portez à ébullition et laissez mijoter pendant 40 min, jusqu'à ce que les pommes de terre soient bien tendres. Ajoutez l'ail sauvage et prolongez la cuisson de 1 ou 2 min pour bien réchauffer le tout.

3 Mixez la soupe pendant 2 min. Salez et poivrez.

4 Remettez la soupe mixée dans la casserole et portez à ébullition. Elle doit devenir vert vif.

5 Lorsque vous êtes prêt à servir la soupe, incorporez la crème fraîche en remuant et dégustez avec du pain frais.

Remarque : N'oubliez pas de ne garder que les jeunes feuilles supérieures des orties, ces dernières étant les plus tendres. L'ail sauvage est le plus abondant entre le début du printemps et le milieu de l'été et peut se manger cru ou légèrement cuit.

PRENEZ UN PEU D'AVANCE Pour obtenir le meilleur résultat possible, préparez votre soupe avant de partir. Transportez-la ensuite dans un récipient ou une bouteille adaptée et réchauffez-la sur place.

SOUPE DU BORD DE MER

Par Peter Duncan (acteur, présentateur de télévision et ancien chef scout, 2004-2009)

POUR 4 PERSONNES

1 carotte, émincée
1 gros oignon, émincé
2 branches de céleri, émincées (ou 1 tête de fenouil, tranchée)
2 gousses d'ail, émincées
200 g d'algues émincées (fucus)
500 g de bigorneaux et bulots frais (que vous trouverez chez les bons poissonniers)
Sel et poivre

Cette recette est facile à préparer mais difficile à expliquer ! Le scoutisme offre à de jeunes gens la chance de réaliser leur potentiel, de connaître la liberté du grand air, de devenir plus indépendants et d'apprendre à devenir de vrais citoyens du monde. Ils prennent soin du monde dans lequel ils vivent ainsi que les uns des autres.

PETER DUNCAN

1 Réunissez tous les morceaux de légumes dans une grande casserole, y compris les algues. Recouvrez de 2 l d'eau et assaisonnez avec un peu de sel et de poivre.

2 Mettez la casserole à chauffer sur un feu, un réchaud à gaz ou une grille de barbecue pendant 1 h environ – ne laissez pas le liquide bouillir.

3 Au bout de ce temps, ajoutez les bigorneaux et les bulots (après les avoir soigneusement nettoyés).

4 Servez le bouillon avec de la baguette croustillante pour saucer.

CONSEIL

Si vous campez en bord de mer, vous pourrez trouver plein d'aliments « gratuits », tels que des moules, des bigorneaux, des bulots et des bernacles. Vérifiez que les moules sont fermées et que les bigorneaux et les bulots sont bien frais.

MINESTRONE D'HIVER

POUR 4 À 5 PERSONNES

1 oignon, finement émincé
1 carotte, épluchée et coupée en dés
1 gousse d'ail, écrasée
1 branche de céleri, émincée
2 cuil. à soupe de concentré de tomates
2 l de bouillon de légumes
1 pomme de terre, épluchée et coupée en dés
150 g de macaronis
400 g de haricots doliques en conserve, égouttés et rincés
1 poireau, coupé en petits dés
25 g de parmesan râpé
1 filet d'huile d'olive

Savourez cette soupe réconfortante entre amis et en famille devant un bon feu de bois et avec du pain frais – c'est idéal pour passer une bonne nuit. Elle est meilleure encore préparée la veille et réchauffée.

1 Faites chauffer un peu d'huile dans une grande casserole. Ajoutez l'oignon, la carotte, l'ail et le céleri et laissez ramollir de 5 à 10 min environ. Versez le concentré de tomates et prolongez la cuisson 2 ou 3 min.

2 Versez le bouillon de légumes, ajoutez la pomme de terre et laissez cuire 15 min. Mettez alors les macaronis et les haricots doliques, puis poursuivez la cuisson 4 à 6 min.

3 Intégrez enfin le poireau et laissez mijoter pendant 10 min.

4 Saupoudrez de parmesan râpé juste avant de servir.

VARIANTE

Vous pouvez ajouter beaucoup d'autres ingrédients au minestrone, tels que des morceaux de tomates fraîches et des feuilles de basilic frais ciselées.

PRENEZ UN PEU D'AVANCE Cette soupe peut parfaitement être préparée à la maison puis transportée sur votre lieu de camping, dans un récipient ou une bouteille adaptée, et réchauffée.

PANCAKES

POUR 4 PERSONNES
125 g de farine autolevante
1 cuil. à café de levure chimique
1 pincée de sel
25 g de sucre en poudre
20 cl de babeurre
2 œufs
12 tranches de lard fumé
Huile végétale, pour frire
Sirop d'érable, pour agrémenter

Les pancakes sont rapides et faciles à préparer et vraiment délicieux lorsqu'on les agrémente de garnitures variées.

1 Tamisez la farine, la levure et le sel dans un grand saladier, puis versez le sucre. Battez au fouet le babeurre et les œufs dans un autre saladier, jusqu'à obtention d'une préparation lisse. Formez un puits au centre de la farine et versez-y le mélange de babeurre. Remuez doucement avec une cuillère ou une spatule en bois afin d'obtenir une pâte homogène. Ne travaillez pas trop le mélange.

2 Faites frire le lard fumé dans un peu d'huile végétale, jusqu'à ce qu'il soit croustillant, puis égouttez-le et gardez-le au chaud jusqu'à ce que vous en ayez besoin.

3 Pendant ce temps, huilez légèrement une poêle antiadhésive, faites-la chauffer et déposez 1 ou 2 cuil. à soupe de pâte par pancake. De petites bulles se forment alors dans la pâte. Lorsqu'elles commencent à éclater, cela signifie que les pancakes sont prêts à être retournés. Retournez-les et laissez cuire 1 min encore. Servez immédiatement avec le lard fumé croustillant et du sirop d'érable.

IDÉES DE GARNITURES

Petit plaisir – découpez des pancakes épais en carrés. Tartinez-les d'un mélange de confiture et de beurre de cacahuètes et servez-les comme en-cas en milieu de matinée ou en soirée.

Citron et sucre – arrosez les pancakes de jus de citron et de 1 pincée de sucre en poudre.

Banane et chocolat – recouvrez les pancakes de pâte à tartiner au chocolat et de rondelles de banane.

Fruits cuits – accompagnez les pancakes de vos fruits cuits préférés (pêches, nectarines, myrtilles ou pommes).

ŒUFS...
AU FEU DE BOIS

POUR 1 PERSONNE
1 œuf
1 grosse orange
ou 1 pomme de terre

FACULTATIF
1 boîte de conserve vide et propre (dans l'idéal une boîte de haricots blancs)
Fil de fer fin
1 bougie ou 1 bougie chauffe-plat

L'œuf est un aliment très nourrissant qui peut se préparer de multiples manières. Si vous parvenez à le conserver intact en camping, vous pourrez concocter une recette très originale et délicieuse.

FAIRE CUIRE UN ŒUF DANS UNE ORANGE

1 Coupez le tiers supérieur de l'orange et évidez délicatement la chair (que vous pouvez manger), pour ne garder qu'un peu de peau. Cassez l'œuf à l'intérieur de l'orange et déposez-la délicatement au milieu des braises rougeoyantes du feu.

FAIRE CUIRE UN ŒUF DANS UNE POMME DE TERRE

1 Lavez la pomme de terre et coupez la partie supérieure à environ un tiers de l'extrémité la moins épaisse (ne jetez pas ce morceau). Creusez la chair avec une petite cuillère, en veillant à ne pas percer les côtés. Enlevez la quantité nécessaire pour que la pomme de terre puisse accueillir l'œuf.

2 Cassez l'œuf et versez-le dans la pomme de terre, puis remettez le couvercle. Enveloppez délicatement la pomme de terre dans une double couche d'aluminium et placez-la directement sur les braises rougeoyantes. Laissez cuire 30 min environ en retournant à mi-cuisson.

CUIRE UN ŒUF DANS UNE BOÎTE DE CONSERVE

1 Percez une série de gros trous d'un côté de la boîte près d'une extrémité. Ôtez le bas de la boîte pour ne conserver qu'un cylindre. À l'aide d'une aiguille, percez un petit trou aux deux extrémités de l'œuf. Faites passer un bout de fil de fer à travers les deux trous de l'œuf.

2 Allumez la bougie, placez la boîte autour et suspendez l'œuf au-dessus en faisant passer le fil de fer par les trous de la boîte. Laissez cuire de 5 à 10 min en retournant de temps en temps.

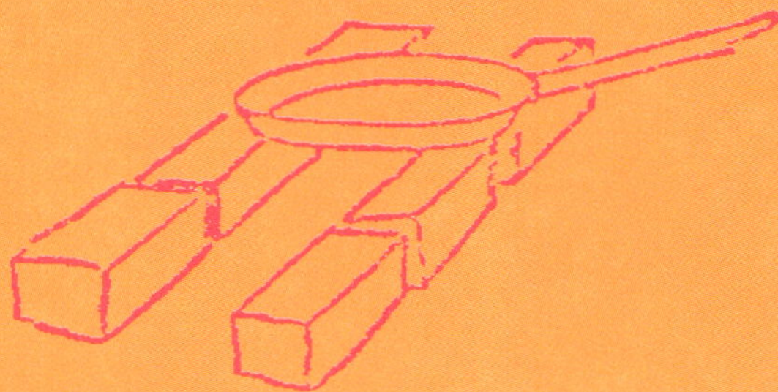

POUR 2 PERSONNES

10 cl de lait ou un mélange de lait et de crème fraîche épaisse
2 œufs
2 tranches de pain
1 noix de beurre
Sel et poivre

PAIN PERDU

Vous pouvez préparer cette recette pour un petit déjeuner dominical, que vous soyez en camping ou chez vous. Servez ce pain perdu avec du ketchup ou de la confiture maison pour changer (sans sel ni poivre dans ce cas).

1 Mélangez le lait, éventuellement la crème fraîche, et les œufs dans un saladier. Salez, poivrez et battez bien au fouet.

2 Plongez le pain dans le mélange d'œufs en veillant à bien l'imbiber et laissez tremper 30 s. Pendant ce temps, faites fondre le beurre dans une poêle.

3 Faites frire les tranches de pain 1 ou 2 min de chaque côté dans la poêle.

ÉPIS DE MAÏS GRILLÉS

POUR 4 PERSONNES

4 épis de maïs (½ ou 1 épi entier par personne)
100 g (2 grosses noix) de beurre salé
Piment en poudre ou ail, à votre convenance
Sel et poivre

POUR CHANGER UN PEU

• Faites cuire les épis dans un four de camping (voir pages 22-25) – sachez que le temps de cuisson pourra varier selon le feu et la qualité de votre four.

• Faites cuire les épis dans un four classique préchauffé à 150 °C (th. 5) pendant 15 min environ.

Un épi de maïs fraîchement grillé et généreusement beurré peut constituer une excellente garniture. Absolument rien à voir avec le maïs en conserve.

1 Préparez les épis de maïs en coupant le haut et le bas et en enlevant les feuilles extérieures.

2 Badigeonnez les épis de beurre, salez et poivrez.

3 Disposez les épis sur une double couche de papier d'aluminium, arrosez-les d'un peu d'eau, puis formez une papillote.

4 Placez la papillote directement sur les braises rougeoyantes du feu pendant 15 à 20 min en les retournant de temps en temps.

5 Si vous le souhaitez, ajoutez un peu de beurre et une petite pincée de piment en poudre ou d'ail sur les épis cuits.

LES PIZZAS DU CAMP

ET LEURS GARNITURES ORIGINALES

POUR 4 PERSONNES
300 g de farine autolevante, plus pour saupoudrer
1 pincée de sel
150 g de margarine ou de beurre
25 cl de lait

Il est toujours agréable d'aller dans une pizzeria, mais pourquoi pas essayer de préparer vous-même une délicieuse pizza ?

1 Mélangez la farine, le sel et la margarine ou le beurre avec le lait pour former une pâte lisse et épaisse, puis pétrissez-la sur un plan de travail légèrement fariné pendant 2 ou 3 min.

2 Étalez la pâte avec un rouleau à pâtisserie ou une bouteille de vin vide sur une double couche de papier d'aluminium saupoudré d'un peu de farine.

3 Placez le papier d'aluminium avec la pâte sur les braises chaudes du feu pendant 15 min environ, puis retirez-le et garnissez la pizza à votre goût (voir suggestions ci-dessous).

4 Une fois votre pizza prête, remettez-la sur le feu et prolongez la cuisson de 15 min. Surveillez bien la cuisson afin qu'elle ne brûle pas.

IDÉES DE GARNITURES

Margarita classique – sauce tomate, tranches de mozzarella, tomates séchées et feuilles de basilic.

Pizza complète – sauce tomate, lard fumé, rondelles de saucisses, champignons et œuf cassé au-dessus.

Orientale – poulet cuit, petits oignons blancs, noix cajou et sauce hoisin ou sauce aux prunes.

Fruits de mer – saumon cuit émietté, crevettes, anchois et gruyère.

POUR CHANGER UN PEU

- Faites cuire votre pizza sur une grille de barbecue bien chaude en prolongeant le temps de cuisson indiqué de 10 min.
- Faites cuire dans un four préchauffé à 160 °C (th. 5-6) en réduisant le temps de cuisson total indiqué de 20 min.

POUR 4 PERSONNES
500 g de farine autolevante
75 g de sucre en poudre
Pâte à tartiner au chocolat ou confiture
4 bâtons recouverts de papier d'aluminium

DAMPERS

Voici un véritable petit plaisir à faire cuire au feu de bois. Une recette que les scouts adorent.

1 Versez la farine et le sucre dans un saladier et mélangez bien. Ajoutez peu à peu 20 cl d'eau et pétrissez doucement jusqu'à obtention d'une pâte souple. Divisez la pâte en huit morceaux de même taille.

2 Roulez chaque morceau de pâte dans vos mains de manière à former de longues et fines saucisses. Enroulez chaque saucisse de pâte autour d'un bâton recouvert de papier d'aluminium en appuyant bien pour maintenir en place.

3 Tenez le bâton au-dessus d'une source de chaleur constante (feu ou barbecue) en le tournant régulièrement pendant 10 min, jusqu'à ce que la pâte soit dure au toucher.

4 Faites glisser délicatement les *dampers* des bâtons et garnissez l'intérieur de pâte à tartiner au chocolat ou de confiture.

VARIANTES Remplacez le sucre par du sel et ajoutez éventuellement un peu de parmesan râpé ou de thym pour une variante salée.

POUR LES CARNIVORES, LE CHOIX EST VASTE LORSQU'IL S'AGIT DE CUISINER EN PLEIN AIR. DES VIEUX CLASSIQUES REMIS AU GOÛT DU JOUR, TELLES LES SAUCISSES FARCIES À LA CONFITURE D'OIGNONS (VOIR PAGE 72), À DES PLATS COMPLETS, COMME LE TAJINE D'AGNEAU (VOIR PAGE 93), VOTRE SEULE DIFFICULTÉ SERA DE CHOISIR QUELLE RECETTE ESSAYER EN PREMIER.

VIANDE

FAR AUX SAUCISSES
ET SAUCE À L'OIGNON

POUR 4 PERSONNES
150 g de farine ordinaire
1 œuf
25 cl de lait
8 saucisses de porc de bonne qualité
60 g de margarine (ou 6 cuil. à soupe d'huile végétale)
1 gros oignon, tranché
15 cl de vin rouge (1 grand verre)
1 cube de bouillon de bœuf
Huile, pour frire
Sel et poivre

Ce plat typiquement anglais s'appelle *toad in the hole*, littéralement « crapaud dans le trou ». Il est faux de dire que seules les mamans sont capables de préparer correctement cette recette. En réalité, ses ingrédients sont peu nombreux et elle est très facile à réaliser.

1 Préchauffez le four à 150 °C (th. 5) ou fabriquez un four de camping au choix (voir pages 22-25).

2 Mélangez la farine et l'œuf dans un saladier, salez et poivrez. Versez lentement le lait tout en battant au fouet, jusqu'à obtention d'une pâte lisse.

3 Déposez les saucisses et la margarine sur une plaque à pâtisserie ou dans un plat allant au four et laissez cuire 15 min dans le four préchauffé ou le four de camping.

4 Sortez la plaque ou le plat du four et versez immédiatement votre pâte sur les saucisses – elle devrait grésiller au contact de la margarine chaude. Remettez la plaque ou le plat dans le four pendant 30 à 40 min environ, jusqu'à ce que la pâte ait gonflé et soit dorée.

5 Pendant ce temps, préparez la sauce à l'oignon. Faites chauffer de l'huile dans une poêle, ajoutez l'oignon et laissez cuire jusqu'à ce qu'il soit translucide. Arrosez de vin rouge et portez à ébullition. Émiettez le cube de bouillon dans le vin et remuez ; le mélange doit épaissir. Versez environ 40 cl d'eau bouillante, en plusieurs fois, jusqu'à atteindre la consistance désirée.

6 Découpez votre far aux saucisses en parts et arrosez-les de sauce avant de servir. Personnellement, je trouve ce plat meilleur accompagné d'une purée !

POUR CHANGER UN PEU

• Vous pouvez bien sûr préparer cette recette dans un four hollandais (voir page 29) – gardez simplement un œil sur la pâte pour être sûr qu'elle n'attache pas au fond de la marmite – ou, pour les plus audacieux, dans une marmite norvégienne (voir page 23) !

• Vous pouvez également faire cuire les saucisses dans une poêle au-dessus d'un feu, préparer de petits pancakes salés avec la même pâte et servir les deux ensemble, c'est tout aussi délicieux !

CASSOULET

POUR 4 PERSONNES
1 oignon, tranché
1 gousse d'ail, écrasée
8 saucisses
150 g de petites saucisses de Francfort
2 cuil. à soupe de concentré de tomates
400 g de tomates en morceaux, en conserve
400 g de haricots blancs en sauce, en conserve
15 cl de bouillon de légumes
1 cuil. à soupe de basilic ciselé
4 cuil. à soupe d'huile d'olive
Sel et poivre

Voici un plat apprécié par toute la famille. Vous pouvez utiliser n'importe quelle variété de saucisse, mais le résultat sera meilleur avec des saucisses de Toulouse. Vous pouvez aussi essayer avec des saucisses de sanglier.

1 Préchauffez le four à 180 °C (th. 6) ou préparez une marmite norvégienne (voir page 23), ou encore un four hollandais (voir page 29).

2 Faites chauffer l'huile dans un plat allant au four, sur un feu ou un réchaud. Ajoutez l'oignon et l'ail et laissez-les fondre.

3 Disposez les saucisses dans le plat et laissez cuire 10 à 12 min, jusqu'à ce qu'elles soient bien grillées. Retirez les saucisses du plat, coupez-les en deux et remettez-les dans le plat avec les saucisses de Francfort.

4 Versez le concentré de tomates, les tomates en morceaux, les haricots et le bouillon. Portez à ébullition, salez, poivrez et enfournez dans le four préchauffé ou votre four de camping, ou encore laissez cuire de 30 à 40 min sur les braises rougeoyantes du feu.

5 Ajoutez le basilic et remuez juste avant de servir.

VARIANTES

- Ajoutez quelques morceaux de baguette grillés dans ce cassoulet juste avant de le servir.
- Vous pouvez remplacer les haricots par des pois chiches.

PRENEZ UN PEU D'AVANCE Vous pouvez tout à fait préparer cette recette chez vous avant de partir et l'emporter pour la réchauffer sur un feu de camp.

SAUCISSES FARCIES
À LA CONFITURE D'OIGNONS

POUR 2 À 4 PERSONNES

8 saucisses
150 g de ricotta
1 cuil. à café de moutarde en grains
2 tomates, tranchées
Feuilles fraîches de laitue pommée ou romaine

POUR LA CONFITURE D'OIGNONS

4 oignons rouges, tranchés finement
100 g de sucre en poudre
1 brin de thym
1 gousse d'ail
15 cl de vin rouge (1 grand verre)
Beurre ou huile, pour frire
Sel et poivre

Traitez toujours la saucisse avec beaucoup de respect. Veuillez à choisir une saucisse riche en viande et demandez conseil pour découvrir les meilleures variétés de la région dans laquelle vous vous trouvez. Toutes les saveurs sont bonnes avec cette recette – porc et oignon se marient particulièrement bien.

1 Préparez la confiture d'oignons. Faites chauffer un peu de beurre ou d'huile dans une poêle et ajoutez les oignons rouges. Laissez-les fondre, puis intégrez le sucre, le thym, la gousse d'ail entière et le vin rouge.

2 Laissez mijoter à feu doux, jusqu'à ce que le vin se soit presque entièrement évaporé et que les oignons soient tendres et puissent s'étaler (s'ils deviennent trop secs, ajoutez un peu d'eau pour éviter qu'ils attachent au fond de la poêle).

3 Préparez les saucisses. Faites-les griller sur un barbecue chaud, dans une poêle au-dessus de braises rougeoyantes ou sur un réchaud de camping, puis laissez refroidir.

4 Mélangez la ricotta et la moutarde dans un saladier, salez et poivrez.

5 Ouvrez les saucisses en deux dans le sens de la longueur et farcissez chacune d'elles avec le mélange de ricotta et un peu de confiture d'oignons chaude (après avoir enlevé le brin de thym et l'ail).

6 Servez les saucisses farcies avec des tranches de tomates fraîches et enveloppées dans 1 feuille de laitue. Vous pouvez aussi les servir au milieu d'un petit pain blanc.

POUR 4 PERSONNES

- 8 à 12 tranches de lard fumé
- 100 g de champignons, tranchés
- 4 petites pommes de terre cuites, tranchées (éventuellement du dîner de la veille si vous avez des restes !)
- 2 petites tomates, coupées en deux puis tranchées
- 4 gros œufs
- 1 filet d'huile

PETIT DÉJEUNER
TOUT EN UN

Toute recette qui permet de limiter la vaisselle mérite un bon point. Voici comment préparer un petit déjeuner consistant dans une seule et même poêle.

1 Déposez les tranches de lard fumé dans une grande poêle et arrosez d'un peu d'huile. Laissez cuire jusqu'à ce que le lard soit croustillant, de 5 à 7 min environ en le retournant régulièrement.

2 Parsemez le lard fumé de champignons, de pommes de terre et de tomates. Prolongez la cuisson 2 ou 3 min.

3 Faites un peu de place dans la poêle pour y casser les œufs et laissez-les cuire à votre convenance.

VARIANTE

Si vous préférez les œufs brouillés, mélangez tous les ingrédients une fois les œufs ajoutés dans la poêle.

PORC ET PETITS PÂTÉS

POUR 4 PERSONNES

4 côtes de porc
1 pomme, évidée et tranchée
10 cl de jus de pomme
200 g de chapelure
200 g de parmesan râpé
2 oignons, émincés finement
25 g d'herbes séchées mélangées
2 œufs, battus
50 g de beurre ou de margarine
Sel et poivre

POUR CHANGER UN PEU

• Faites cuire les papillotes dans un four de camping (voir pages 22-25), un four hollandais (voir page 29) ou sur une grille de barbecue chaude ; comptez le même temps de cuisson.

Le porc et la pomme sont souvent associés, mais je parie que vous ne connaissez pas cette recette.

1 Posez chaque côte de porc sur une double couche de papier d'aluminium de manière à pouvoir l'envelopper. Garnissez chaque côtelette de beurre, de 1 ou 2 tranches de pomme et versez un peu de jus de pomme, puis refermez le papier d'aluminium pour obtenir 4 papillotes plates.

2 Placez les papillotes directement sur les braises chaudes et laissez cuire 20 min de chaque côté (en faisant bien attention lorsque vous retournez les papillotes).

3 Pour préparer les petits pâtés, mélangez dans un saladier la chapelure, le parmesan, les oignons et les herbes avec l'œuf battu et un peu de jus de pomme. Assaisonnez à votre convenance.

4 Façonnez des petits pâtés de 1 cm d'épaisseur environ et déposez-les sur une double couche de papier d'aluminium. Formez des papillotes.

5 Déposez délicatement les papillotes sur les braises chaudes et laissez cuire 10 min environ de chaque côté (en faisant bien attention lorsque vous retournez les papillotes).

6 Servez les côtelettes avec les petits pâtés et plusieurs légumes et pommes de terre.

POULET DES HIGHLANDS

Par Paul Liversidge (animateur jeunesse)

POUR 4 PERSONNES

125 g de petites pommes de terre nouvelles
4 blancs de poulet, coupés en morceaux
2 oignons, émincés finement
2 poivrons, verts ou rouges, épépinés et émincés
125 g de champignons, émincés (facultatif)
500 g de sauce pour pâtes en bocal
Huile, pour frire
Pain croustillant, riz ou pâtes, en accompagnement

Voici une recette tout-en-un. Utilisez de préférence du poulet, mais tout dépend bien sûr du nombre de personnes que vous devez nourrir. C'est un plat idéal pour une soirée froide, surtout si vous rêvez d'un mets réconfortant. Voici un repas bon marché et consistant pour passer la soirée autour du feu en ayant bien chaud à l'intérieur aussi.

1 Portez une casserole d'eau à ébullition, plongez-y les pommes de terre et laissez-les cuire pendant 10 min. Égouttez et laissez refroidir.

2 Faites chauffer un peu d'huile dans une poêle à feu moyen. Mettez-y le poulet et laissez revenir pendant quelques minutes, jusqu'à ce qu'il soit saisi de toutes parts.

3 Ajoutez les oignons et laissez cuire à feu doux, jusqu'à ce que le poulet commence à dorer et que les oignons deviennent translucides, 5 à 8 min environ. Incorporez alors les poivrons et les champignons et laissez fondre pendant 3 à 5 min. Arrosez de sauce pour pâtes.

4 Tranchez les pommes de terre précuites et ajoutez-les dans la poêle, portez à ébullition et laissez cuire 5 à 10 min pour être sûr que tout soit bien chaud.

5 Servez ce poulet seul ou avec du pain croustillant, du riz ou des pâtes.

CONSEIL

Cette recette est également idéale pour les végétariens – remplacez simplement le poulet par les légumes de votre choix.

POULET À LA CRAPAUDINE

AU CITRON, À L'AIL ET AU THYM

POUR 4 À 6 PERSONNES

1 poulet entier de 1,5 à 1,8 kg, coupé en deux (demandez à votre boucher)
100 g (1 grosse noix) de beurre
2 citrons, zeste et jus (gardez les restes de citrons pressés)
½ bouquet de thym frais (50 g environ)
Pommes de terre nouvelles cuites, en accompagnement
Sel et poivre

Voici une autre recette délicieuse à préparer et déguster en plein air.

1 Lavez le poulet entier et tapotez-le pour le sécher. Avec une pique à brochette, transpercez une cuisse du poulet et traversez le corps pour ressortir en diagonale dans l'aile opposée. Procédez de la même manière avec l'autre cuisse en ressortant dans l'autre aile, de telle sorte que les piques se croisent.

2 Réunissez le beurre, le jus et le zeste de citron et le thym dans un saladier. Assaisonnez généreusement et mélangez jusqu'à obtention d'une préparation facile à étaler. Soulevez délicatement la peau sur les blancs du poulet et, avec les doigts, glissez le beurre sous la peau. Rabattez-la ensuite sur le beurre en veillant à bien appuyer pour la coller.

3 Tartinez le poulet avec le beurre au thym restant.

4 Placez le poulet embroché sur une grille installée au-dessus des braises chaudes du feu.

5 Retournez le poulet régulièrement et, au bout de 15 à 20 min, lorsque la peau est dorée et croustillante, retirez les piques à brochettes et enveloppez le poulet dans une double couche de papier d'aluminium.

6 Placez la papillote directement sur les braises et prolongez la cuisson de 45 min, en la retournant toutes les 20 min environ. Vérifiez la cuisson du poulet en entaillant les blancs et les cuisses (le jus qui s'écoule sera transparent si le poulet est cuit). Servez avec des pommes de terre nouvelles fraîchement cuites.

POUR 4 PERSONNES

8 tortillas tendres ou pains marocains plats (voir page 44)
4 blancs de poulet, coupés en fines lamelles
2 oignons, tranchés
3 poivrons verts ou rouges, épépinés et coupés en fines lamelles
2 cuil. à café de cumin en poudre
2 cuil. à café de paprika fumé
Le jus de 1 citron vert
Huile, pour frire
Sel

FAJITAS DES CAMPS D'ÉTÉ

Voici une recette idéale pour tous les camps d'été. C'est un plat excellent à partager et on peut le préparer pour un grand nombre de convives – plus on est de fous, plus on rit. Par ailleurs, il ne requiert pas beaucoup de vaisselle.

1 Faites chauffer de l'huile dans une poêle et faites-y revenir les lamelles de poulet pendant 10 min environ. Retirez-les de la poêle et réservez.

2 Mettez les oignons et les poivrons ainsi que les épices dans la poêle et faites-les fondre pendant 10 min environ.

3 Remettez les lamelles de poulet dans la poêle, arrosez-les de jus de citron vert et salez un peu.

4 Prenez 1 tortilla ou 1 pain plat en guise d'assiette, empilez un peu du mélange de poulet dessus, formez un rouleau et dégustez.

CONSEIL

Cette recette est également délicieuse si vous ajoutez de la crème fraîche, du guacamole frais ou une sauce tomate maison avant d'enrouler les tortillas.

POULET FARCI

POUR 4 À 6 PERSONNES

1 poulet entier de 1,5 à 1,8 kg
½ baguette de pain rassis
1 carotte, râpée
1 oignon, râpé
2 branches de céleri, râpées
15 cl (de tasse) de lait
1 œuf
40 g de feuilles de sauge fraîche ou 25 g de sauge séchée
1 noix de beurre ou de margarine
Sel et poivre
Courge et aubergine rôties en papillote (voir page 136), en accompagnement

Cette recette requiert un peu de préparation, mais une fois la cuisson commencée, vous pouvez disposer et profiter de votre journée au grand air.

1 Fabriquez votre four enterré (voir ci-dessous).

2 Coupez le pain en tout petits morceaux et mélangez-le avec la carotte, l'oignon et le céleri dans un saladier. Ajoutez le lait, l'œuf, la sauge, salez et poivrez généreusement et mélangez bien le tout.

3 Préparez le poulet (n'oubliez pas de le stocker dans une glacière ou au réfrigérateur jusqu'à ce que vous soyez prêt à le cuisiner). Farcissez-le avec le mélange de pain ; glissez-en également sous la peau. Pensez ensuite à rabattre la peau au-dessus de la farce de manière à la recouvrir, puis frottez l'extérieur de la volaille avec du beurre, salez et poivrez. Enveloppez le poulet dans trois couches de papier d'aluminium et déposez-le dans le four enterré. Le poulet se trouve simplement sur les braises et est recouvert de terre.

4 Laissez le poulet cuire pendant 3 h environ. Vérifiez la cuisson en entaillant le blanc et les cuisses (le jus qui s'écoule est transparent lorsque le poulet est cuit). Servez avec de la courge et de l'aubergine rôties dans une papillote, qui peuvent être cuites à côté du poulet pendant les 30 à 40 dernières minutes.

FABRIQUER UN FOUR ENTERRÉ

Creusez un trou carré de 30 cm de côté dans le sol. Préparez et allumez un feu (voir page 25) dans ce trou et laissez-le brûler pendant 45 min afin d'obtenir de bonnes braises pour pouvoir y faire cuire des aliments. Déposez votre papillote sur les braises bien chaudes, puis versez de la terre dessus, jusqu'à ce qu'elle soit complètement recouverte.

TOUS LES SCOUTS
DOIVENT ÉVIDEMMENT
SAVOIR FAIRE CUIRE LEURS
VIANDES ET
LÉGUMES
ET PRÉPARER LEUR
PAIN
SANS UTILISER
D'USTENSILES.

ROBERT BADEN-POWELL,
FONDATEUR DU
SCOUTISME

CURRY VERT THAÏ
ET RIZ AU JASMIN À LA CITRONNELLE

POUR 4 PERSONNES

500 g (2 tasses) de blancs de poulet, coupés en dés
300 g (1 ¼ tasse) d'aubergines, coupées en dés
200 g (1 tasse) de mini-épis de maïs
40 cl de lait de coco, en conserve
400 g (2 tasses) de riz au jasmin
2 tiges de citronnelle, écrasées
2 ou 3 feuilles de citron vert kaffir
40 g de coriandre, ciselée
1 cuil. à soupe (un bon filet) d'huile végétale

POUR LA PÂTE DE CURRY

1 tige de citronnelle
1 à 3 piments verts
1 échalote, émincée finement
2 gousses d'ail
1 morceau de 2,5 cm de gingembre frais, pelé
50 g de coriandre fraîche
½ cuil. à café de cumin
2 cuil. à soupe de sucre
3 ou 4 cuil. à soupe de lait de coco
Sel et poivre

Vous pouvez bien sûr préparer cette recette sans poulet afin d'obtenir un excellent plat végétarien.

1 Commencez par préparer la pâte de curry. Réunissez la citronnelle, les piments, l'échalote, l'ail, le gingembre, la coriandre, le cumin et le sucre dans un robot ou un mixeur, ou écrasez-les avec un pilon dans un mortier. Mixez ou réduisez le tout en une pâte en ajoutant un peu de lait de coco pour lier les ingrédients. Assaisonnez à votre goût.

2 Faites chauffer l'huile dans une poêle, mettez-y les dés de poulet et laissez revenir pendant 10 min environ, jusqu'à ce qu'ils soient bien grillés. Ajoutez la pâte de curry et laissez cuire 2 min environ.

3 Incorporez alors les dés d'aubergines, les mini-épis de maïs et le lait de coco et laissez mijoter 30 à 40 min.

4 Pendant ce temps, réunissez le riz, la citronnelle, les feuilles de citron vert et 40 cl (2 tasses) d'eau dans une casserole et portez à ébullition. Laissez cuire le riz pendant 10 min environ, jusqu'à ce qu'il soit léger et moelleux. Égouttez le riz, puis servez-le avec une portion généreuse de curry, parsemez de coriandre ciselée.

CONSEIL

Si vous ne trouvez pas de feuilles de citron vert kaffir, vous pouvez également ajouter ½ citron vert dans le riz pendant la cuisson.

PRENEZ UN PEU D'AVANCE Les ingrédients peuvent sembler nombreux, mais la pâte de curry peut être préparée jusqu'à une semaine en avance, réfrigérée puis emportée en camping.

POULET HAWAÏEN
AU LAIT DE COCO ET À L'ANANAS

POUR 4 PERSONNES

4 blancs de poulet, sans peau ni os
150 g de morceaux d'ananas, en conserve avec leur jus
100 g (½ tasse environ) de noix cajou
40 cl de lait de coco, en conserve
400 g (2 tasses) de riz basmati
Sel et poivre

Voici un autre plat qui apportera du soleil à votre été, même lorsque le temps est nuageux.

1 Nettoyez et préparez les blancs de poulet et placez-les sur une double couche de papier d'aluminium ou dans un sachet en aluminium.

2 Assaisonnez le poulet, arrosez-le d'un peu de jus d'ananas, parsemez de noix cajou et versez la moitié du lait de coco. Fermez hermétiquement la papillote ou le sachet.

3 Dans une autre papillote ou un autre sachet, réunissez le riz, les morceaux d'ananas et le reste de lait de coco. Fermez bien la papillote ou le sachet.

4 Placez la papillote contenant le poulet directement sur les braises chaudes du feu et laissez cuire pendant 40 min au moins en retournant souvent et prudemment la papillote.

5 Posez la papillote de riz sur les braises au bout de 30 min.

6 Servez le poulet avec le riz et dégustez.

CONSEIL

Évitez si possible d'acheter votre poulet trop à l'avance et gardez-le toujours dans une glacière jusqu'à ce que vous le fassiez cuire.

RAGOÛT DE L'EVEREST

Par Bear Grylls

POUR 6 À 8 PERSONNES

8 gros morceaux de patte de yack de la taille de blancs de poulet (ou d'agneau si vous préférez)
4 oignons, émincés
6 carottes, émincées
1 gousse d'ail (éventuellement), émincée finement
Toutes les herbes qui poussent alentour
1 larme de vin rouge (ou de liqueur locale)
5 généreuses poignées de riz brun
Gros sel de mer
Graisse de yack, pour faire frire (ou huile d'olive)

Pendant l'expédition britannique de l'Everest, à laquelle j'ai participé il y a quelques années, nous étions devenus des habitués à cette sorte de risotto-ragoût. Nous en avons mangé presque tous les jours pendant 3 mois. Avec un yack, on peut préparer 90 ragoûts, il faut bien sûr l'abattre avant, mais au moins nous n'avions pas besoin de congélateur – il faisait – 20 °C dehors, il suffisait de sortir une patte de yack de la tente pour qu'elle gèle. Ce ragoût n'était pas mauvais à vrai dire – juste un peu sec parfois ; pour vous faire une idée de son goût, vous pouvez le préparer avec n'importe quelle viande faisandée. Il m'est arrivé d'ajouter des orties, qui étaient assez bonnes, mais on n'en trouve malheureusement pas beaucoup autour de l'Everest.

BEAR GRYLLS

1 Préparez un feu et enterrez votre marmite.

2 Coupez la viande en morceaux et faites-les frire dans la graisse de yack ou l'huile d'olive. Ajoutez ensuite les oignons, les carottes et l'ail et continuez à faire revenir. Salez, versez les herbes et le vin. (Nous n'avions alors qu'une bouteille de whisky, prévu pour nous soigner, mais cela fit l'affaire.)

3 Pour finir, ajoutez le riz et un gros tas de neige au-dessus afin de fournir l'eau nécessaire. Laissez cuire à votre convenance, jusqu'à ce que vous obteniez un ragoût aux allures de risotto. Répétez l'opération pendant 3 mois, puis escaladez l'Everest.

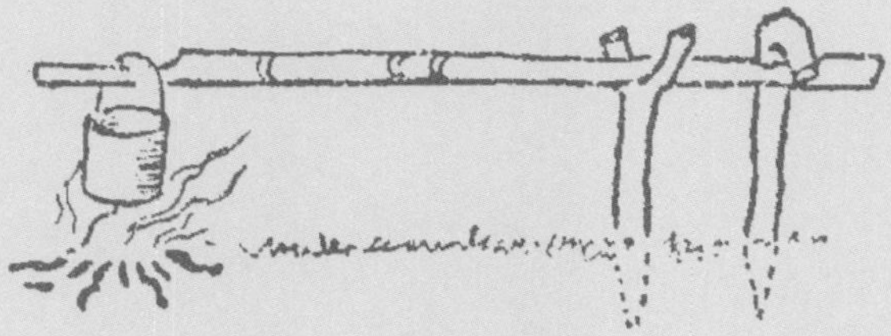

CURRY D'AGNEAU ÉPICÉ À LA TOMATE ET À LA NOIX DE COCO

Par Anjum Anand

POUR 4 PERSONNES

- 1 gigot ou 1 épaule d'agneau de 500 g (ou de 600 g avec os), désossé et coupé en dés
- 1 cuil. à soupe de graines de coriandre
- 1 cuil. à café de graines de cumin
- 15 grains de poivre noir
- 1 bâton de cannelle de 5 cm
- 4 clous de girofle
- 3 petits oignons, émincés finement
- 3 tomates, coupées en morceaux
- 15 g de gingembre pelé et râpé
- 8 grosses gousses d'ail, râpées
- 3 à 6 piments verts, entiers mais épépinés
- 2 cuil. à soupe de beurre clarifié (*ghee*) (ou moitié huile végétale, moitié beurre)
- 20 à 30 cl (1 tasse environ) de lait de coco, ou à votre convenance
- 1 ½ cuil. à café de jus de citron, ou à votre convenance
- Sel
- Pains indiens, en accompagnement

Je n'ai jamais eu la chance d'être scout et j'attends maintenant que mes enfants soient suffisamment grands pour devenir scouts afin de partager leur expérience !

ANJUM ANAND

1 Avec un moulin à épices, un pilon ou un rouleau à pâtisserie, réduisez les épices en une fine poudre.

2 Réunissez l'agneau, 2 oignons, les tomates, le gingembre, l'ail, les piments, les épices et le sel dans une grande casserole. Versez 50 cl d'eau, portez à ébullition, couvrez et laissez mijoter à feu doux 45 min à 1 h, jusqu'à ce que l'agneau soit tendre. Remuez toutes les 10 min environ.

3 Au bout de 45 min, faites fondre le beurre clarifié dans une petite casserole et faites-y dorer l'oignon restant.

4 Il ne devrait pas rester trop de liquide dans la casserole mais, si nécessaire, faites réduire l'excès à feu vif pendant 6 ou 7 min en remuant assez souvent, jusqu'à ce que le jus soit presque entièrement absorbé par la viande. Vous obtiendrez ainsi une sauce homogène aux saveurs renforcées. Ajoutez l'oignon roussi et le beurre clarifié.

5 Versez le lait de coco et le jus de citron, portez à ébullition et laissez mijoter 5 min ; la sauce doit être épaisse et crémeuse. Goûtez et rectifiez l'assaisonnement, en ajoutant du jus de citron ou du lait de coco, jusqu'à ce que le curry soit à votre goût, puis servez accompagné de pains indiens.

CONSEIL

Si vous n'avez pas de beurre clarifié, utilisez un mélange d'huile et de beurre.

GIGOT D'AGNEAU RÔTI

POUR 6 PERSONNES

1 gigot d'agneau de 1,5 à 2 kg, désossé et roulé (demandez à votre boucher)
Légumes au choix – je préfère pour ma part les jeunes brocolis bien tendres, les petites carottes et les poireaux revenus dans le beurre
Pommes de terre nouvelles, en accompagnement

POUR CHANGER UN PEU

- Si vous voulez faire cuire votre gigot au barbecue, coupez-le en deux au milieu pour obtenir des morceaux moins épais et donc plus faciles à cuire. Préférez un barbecue avec un couvercle pour retrouver la chaleur d'un four. Laissez cuire de 30 à 40 min à votre convenance.
- Cette méthode de cuisson peut également s'utiliser avec des rôtis de bœuf, tende de tranche ou même aloyau.

Il n'y a aucune raison pour que le déjeuner du dimanche cuisiné en plein air ne soit pas aussi raffiné et savoureux que lorsque vous le préparez à la maison. La seule différence est que la musique qui accompagne votre dîner se résumera au chant des oiseaux et que table et chaises seront des souches d'arbres.

1 Embrochez le gigot sur toute sa longueur sur un fil de fer ou une fine pique à brochette en métal – vous pourrez ainsi le retourner facilement en cours de cuisson.

2 Installez l'agneau embroché sur deux bâtons fourchus, de préférence l'un plus grand que l'autre, de telle sorte que le gigot soit légèrement incliné – ce qui permettra de récupérer le jus et la graisse de cuisson dans une boîte ou une tasse en métal plutôt que de les laisser couler sur les braises.

3 Laissez cuire le gigot au-dessus d'une grande quantité de braises chaudes pendant environ 1 h 30 en le retournant fréquemment. Arrosez la viande en cours de cuisson avec le jus recueilli.

4 Servez avec les légumes de votre choix et des pommes de terre nouvelles.

TAJINE D'AGNEAU

SEMOULE AU CITRON ET À LA CORIANDRE

POUR 4 PERSONNES

600 g d'agneau (épaule ou collier dans l'idéal), coupé en dés
½ cuil. à soupe de cannelle en poudre
½ cuil. à soupe de cumin en poudre
½ cuil. à soupe de curcuma en poudre
2 oignons, émincés finement
1 gousse d'ail
1 cuil. à soupe de concentré de tomates
400 g de tomates en morceaux, en conserve
25 cl de bouillon de poulet
75 g d'abricots secs
400 g de pois chiches en boîte, égouttés et rincés
Huile d'olive, pour frire
Sel et poivre

POUR LA SEMOULE AU CITRON ET À LA CORIANDRE

250 g de semoule
Huile d'olive
Le jus et le zeste de 1 citron
35 cl de bouillon de poulet frais (ou préparé avec 1 cube de bouillon)
1 poignée de coriandre, finement ciselée

Voici une excellente alternative au ragoût habituel de camping qui ajoutera un peu d'exotisme à votre repas au grand air. Vous pouvez aussi le préparer chez vous, puis le faire réchauffer une fois sur place.

1 Réunissez la moitié des épices dans un bol et ajoutez un peu d'huile pour former une pâte. Retournez les dés d'agneau dans cette pâte afin de bien les enrober et laissez mariner pendant toute une nuit dans un endroit frais, de préférence au réfrigérateur ou dans une glacière.

2 Faites chauffer un peu d'huile dans une poêle et faites-y ramollir les oignons pendant 5 à 10 min. Ajoutez l'ail et le reste des épices Laissez cuire 1 min environ. Versez le concentré de tomates, les tomates en morceaux et le bouillon de poulet, salez, poivrez et laissez mijoter 20 à 30 min.

3 Incorporez alors les abricots secs et les pois chiches et laissez encore mijoter pendant 10 min. Si vous trouvez le tajine trop sec, versez un peu plus de bouillon ou d'eau.

4 Enfilez les dés d'agneau sur 3 ou 4 piques à brochettes et faites-les cuire au-dessus du feu 10 à 15 min.

5 Pendant ce temps, préparez la semoule au citron et à la coriandre. Mélangez la semoule avec un peu d'huile d'olive, le jus et le zeste de citron et assaisonnez généreusement. Arrosez de bouillon chaud, couvrez de film alimentaire et laissez gonfler pendant 10 min. Égrainez la semoule avec une fourchette et ajoutez la coriandre ciselée avant de servir avec les légumes et les brochettes d'agneau grillées.

CONSEIL

Pour ce plat, vous pouvez couper l'agneau en morceaux plus petits afin d'accélérer la cuisson.

BOULETTES D'AGNEAU

POUR 6 PERSONNES
500 g de hachis d'agneau
2 œufs
250 g de flocons d'avoine ou de chapelure
2 oignons rouges, coupés en dés de 2,5 cm
1 poivron vert, coupé en dés de 2,5 cm
12 tomates cerise
Sel et poivre

Ces boulettes sont parfaites pour changer un peu des traditionnels saucisses et hamburgers qu'on a l'habitude de déguster au barbecue et en plein air.

1 Battez bien les œufs dans un saladier, puis versez les flocons d'avoine ou la chapelure. Ajoutez le hachis d'agneau et malaxez bien avec les mains, jusqu'à l'obtention d'une pâte épaisse. Salez et poivrez généreusement. Formez des boulettes d'environ 2,5 cm de diamètre. Mettez-les au réfrigérateur 30 min afin qu'elles durcissent. Si vous campez, placez-les dans la glacière ou trouvez un autre moyen pour les mettre au frais.

2 Fabriquez 6 piques à brochettes avec des bâtons de bois vert : retirez l'écorce et tenez-les brièvement au-dessus des braises chaudes du feu. Vous pouvez également utiliser des piques à brochettes en métal. Alternez boulettes de viande, dés d'oignon et de poivron sur les piques.

3 Installez une grille au-dessus des braises chaudes du feu, placez les brochettes dessus et laissez cuire pendant 15 min environ en les retournant simplement une ou deux fois pour éviter qu'elles se décomposent.

4 Au bout de 15 min, piquez 1 tomate cerise à chaque extrémité des brochettes et remettez-les à cuire sur le feu 5 min.

5 Servez ces boulettes avec des brochettes d'agneau acidulées (voir page 96) pour un délicieux repas plein de couleurs.

COMMENT FABRIQUER UNE PIQUE DE BOIS VERT

Les piques en bois vert constituent d'excellents ustensiles de cuisine de camping et sont parfaites pour cette recette et toutes les autres recettes de brochettes. Choisissez de préférence du bois de chêne, bouleau ou pommier. N'oubliez pas que le morceau choisi doit être vert, l'écorce enlevée et une extrémité taillée si besoin.

BROCHETTES D'AGNEAU ACIDULÉES

POUR 6 PERSONNES

1 gigot d'agneau de 1 kg, coupé en dés de 2,5 cm

2 poivrons rouges, coupés en dés de 2,5 cm

12 champignons de Paris

12 petites échalotes rondes, pelées

POUR LA MARINADE

4 cuil. à soupe de sauce soja

4 cuil. à soupe d'huile de sésame

2 cuil. à soupe de sauce au piment sucrée

2 cuil. à soupe de vinaigre de riz ou de vinaigre de vin blanc

2 cuil. à soupe de sauce tomate

25 g de coriandre, finement ciselée

Goûtez aux saveurs orientales avec ces brochettes d'agneau sucrées et épicées (voir photo page 95).

1 Mélangez tous les ingrédients de la marinade dans un saladier.

2 Ajoutez l'agneau coupé en dés, couvrez le saladier, mettez-le au réfrigérateur ou dans une glacière et laissez mariner pendant au moins 2 h.

3 Une fois la viande marinée, préparez vos brochettes – de préférence sur des piques en métal ou de bois vert (voir page 94) en enlevant l'écorce. Enfilez les dés d'agneau sur les piques en alternant avec des dés de poivrons, des champignons et des échalotes.

4 Placez les brochettes au-dessus des braises chaudes du feu ou sur une grille de barbecue chaude et laissez cuire pendant 20 min environ. Arrosez les brochettes avec le reste de marinade pendant la cuisson.

POUR CHANGER UN PEU

• Essayez cette recette avec des dés de bœuf, de poulet et de dinde.

• Vous pouvez varier les légumes, en utilisant par exemple des courgettes ou de la courge *butternut*.

PRENEZ UN PEU D'AVANCE Faites mariner la viande chez vous et emportez-la dans un récipient adéquat pour la cuire le moment venu.

RAGOÛT POUR UNE PERSONNE

POUR 1 PERSONNE

- 150 g de viande de bœuf, coupée en dés
- 1 carotte
- 1 oignon
- 1 pomme de terre
- 10 cl de vin rouge
- 1 gousse d'ail
- 25 g de thym (½ bouquet environ)
- 1 cube de bouillon de bœuf
- Huile ou beurre, pour faire frire
- Sel et poivre

Ne paniquez pas, vous n'êtes pas obligé de vous limiter à une seule part – il vous suffit de multiplier les ingrédients par le nombre de personnes que vous souhaitez nourrir. Voilà un plat idéal pour vous réchauffer en hiver.

1 Pelez et préparez les légumes et coupez-les en dés de 2,5 cm – ils doivent être assez gros pour supporter le long temps de cuisson.

2 Faites chauffer un peu d'huile ou de beurre dans un plat allant au four, ajoutez les dés de viande et laissez dorer pendant 10 min. Avec une écumoire, retirez la viande du plat et réservez-la.

3 Réunissez les carottes et les oignons dans le plat précédemment utilisé et faites-les cuire pendant 5 à 8 min, en veillant à bien détacher les restes de viande collés au fond du plat.

4 Arrosez de vin, ajoutez l'ail et le thym et écrasez le cube de bouillon dans le plat. Versez 60 cl d'eau (1 ½ tasse), puis remettez la viande.

5 Couvrez et laissez mijoter pendant 30 min environ. Vous pouvez, au choix, laisser le plat sur les braises du feu ou le poser sur un réchaud de camping et laisser mijoter 1 h 30.

6 Ajoutez les pommes de terre lorsqu'il reste environ 40 min de temps de cuisson.

PRENEZ UN PEU D'AVANCE Préparez et faites cuire le ragoût chez vous, puis emportez-le avec vous dans un récipient adéquat et réchauffez-le le moment voulu.

BURGERS TWISTS

POUR 4 À 6 PERSONNES

POUR LA PÂTE

500 g de farine ordinaire
60 g de beurre ou de margarine
1 pincée de sel

POUR LA VIANDE

500 g de bœuf ou de poulet haché
1 œuf, battu
½ oignon, râpé
25 g de chapelure
huile végétale
Sel et poivre

Voici une véritable recette scout. Le *twist* est quelque chose que tous les jeunes savent faire cuire sur un feu. Voici comment le transformer en un repas complet.

1 Préparez la pâte. Mélangez la farine, le beurre ou la margarine et le sel avec 5 cl d'eau pour former une pâte épaisse.

2 Retournez la pâte sur un plan de travail légèrement fariné et étirez-la pour obtenir une longue saucisse. Enveloppez-la autour d'un bâton de bois vert solide (voir page 94) de manière à former un « tortillon » classique, en laissant des espaces réguliers de 1 cm autour du bâton. Répétez l'opération avec 7 autres piques de bois vert.

3 Préparez la viande. Mélangez l'œuf, le bœuf ou le poulet haché, l'oignon râpé et la chapelure dans un saladier et assaisonnez généreusement.

4 Formez des saucisses avec le mélange de viande et enroulez-les autour des bâtons en remplissant les creux laissés par la pâte.

5 Enveloppez chaque *twist* ainsi obtenu dans du papier d'aluminium légèrement graissé avec de l'huile végétale et laissez cuire dans les braises chaudes du feu ou installez les *twists* au-dessus des braises en les plaçant sur deux bâtons fourchus pendant 15 à 20 min et en les retournant régulièrement jusqu'à ce qu'ils soient cuits.

KEFTAS DE BŒUF AU FENOUIL

Par James Martin

POUR 4 PERSONNES

500 g de bœuf haché
1 gousse d'ail, pelée et râpée
½ cuil. à café de fenouil moulu
3 ou 4 cuil. à soupe d'huile d'olive
75 g de feuilles de salade mélangées au choix
Le jus de ½ citron
1 cuil. à soupe d'huile d'olive vierge extra
Sel et poivre
1 citron, coupé en quartiers, en accompagnement
4 épis de maïs, en accompagnement

Mes souvenirs du scoutisme sont la fumée du bois, les rires entre amis et les bons plats chauds à la fin d'une journée fatigante. Les recettes auraient pu être plus raffinées, mais celle-ci compte parmi mes préférées. Essayez ce plat amusant et dégustez-le entre amis !

JAMES MARTIN

1 Laissez tremper 8 petites piques en bois pendant 10 min dans l'eau froide.

2 Mettez la viande dans un saladier et ajoutez l'ail râpé le fenouil moulu. Salez et poivrez, mélangez et divisez la préparation en 8 boules.

3 Plongez vos mains dans l'eau froide pour que la viande ne colle pas à vos mains et enfilez chaque boule de viande sur une pique en bois. Appuyez la viande autour du bâton et mettez au réfrigérateur ou dans une glacière pendant 1 h pour faire durcir.

4 Mettez un gril ou une poêle à chauffer à feu vif, badigeonnez les keftas avec un peu d'huile d'olive, puis déposez-les sur le gril ou dans la poêle et laissez cuire 2 ou 3 min de chaque côté.

5 Réunissez les feuilles de salade dans un saladier et arrosez-les de jus de citron et d'huile d'olive vierge extra. Salez, poivrez et mélangez doucement.

6 Retirez les keftas du gril ou de la poêle et servez-en deux par personne. Accompagnez de salade, de quartiers de citron et d'épis de maïs grillés au barbecue ou sur les braises du feu.

PRENEZ UN PEU D'AVANCE Préparez les keftas chez vous et emportez-les sur votre lieu de camping pour les faire cuire lorsque vous en aurez envie.

DÎNER DE COW-BOY

POUR 4 PERSONNES

300 g de bœuf ou d'agneau haché
½ cuil. à soupe de piment en poudre
1 boîte de 200 g de haricots rouges, rincés et égouttés
12 tranches de lard fumé
4 pommes de terre, pelées et tranchées
2 petits oignons, tranchés
Sel et poivre

POUR CHANGER UN PEU

• Faites cuire ces papillotes sur un barbecue chaud ou dans un four classique préchauffé à 150 °C (th. 5) pendant le même temps de cuisson.

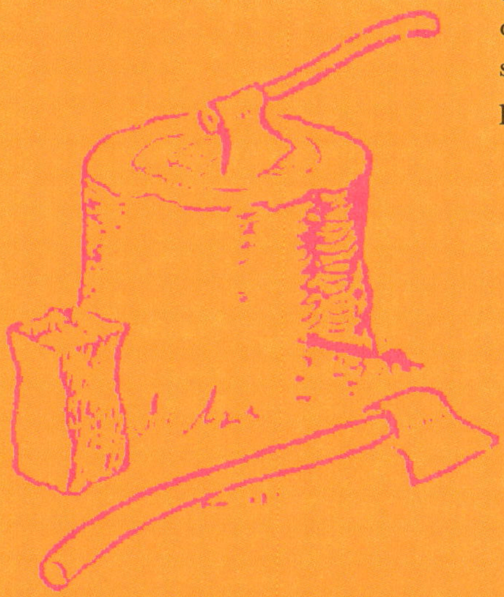

Voici une excellente recette à essayer si vous n'avez pas beaucoup de place pour cuisiner car vous pouvez faire cuire tous les ingrédients dans un seul et même récipient.

1 Dans un saladier, mélangez le bœuf ou l'agneau haché, le piment en poudre et les haricots rouges, salez et poivrez.

2 Préparez une double couche de papier d'aluminium et découpez un carré de 20 cm environ de côté. Déposez dessus 3 tranches de lard fumé au centre, séparées de 2,5 cm environ.

3 Placez quelques rondelles de pomme de terre sur le lard fumé, puis recouvrez le tout avec un quart du mélange de viande, quelques rondelles d'oignons, puis de nouveau quelques pommes de terre pour finir.

4 Rabattez les tranches de lard fumé autour de la garniture et formez une papillote hermétique. Répétez l'opération pour les trois autres papillotes.

5 Placez les papillotes obtenues directement sur les braises du feu et laissez cuire 30 min environ en les retournant souvent pour que la cuisson soit homogène. Ouvrez les papillotes et dégustez.

CERTAINES PERSONNES PRÉFÈRENT LA VIANDE AU POISSON CAR ELLES CRAIGNENT QUE LEURS HÔTES N'AIENT PAS SUFFISAMMENT À MANGER. ELLES PASSENT ALORS À CÔTÉ D'UN MONDE DE TEXTURES ET DE SAVEURS MERVEILLEUSES. VOUS POUVEZ TROUVER DU POISSON FRAIS ET DÉLICIEUX UN PEU PARTOUT DANS LE MONDE ET VOUS L'APPRÉCIEREZ ENCORE PLUS SI VOUS LE PÊCHEZ VOUS-MÊME. IL EST CERTAIN QUE VOUS N'AUREZ AUCUNE PLAINTE SI VOUS ESSAYEZ L'UNE DE CES RECETTES.

POISSON

MAQUEREAU FUMÉ AU THÉ

POUR 4 PERSONNES

4 maquereaux de taille moyenne, de 300 à 400 g environ chacun
8 sachets de thé (de préférence du thé noir)
1 petite poignée de riz (variété au choix)
25 g de sucre en poudre
4 noix de beurre ou de margarine
Sel et poivre
Pain frais et salade, pour servir

POUR CHANGER UN PEU

• Essayez cette recette avec d'autres saveurs de thé.

• Mettez des herbes fraîches, telles que du romarin, de la sauge ou même de la lavande, directement dans les braises du feu pour obtenir une fumée délicieusement parfumée.

• Faites cuire les papillotes sur un barbecue chaud pendant le même temps de cuisson.

Qu'y a-t-il de plus simple qu'un bon poisson bien cuisiné ? Cette recette est une manière originale de profiter de la saveur subtile du thé infusé avec du maquereau frais.

1 Videz les maquereaux et nettoyez soigneusement l'intérieur. Incisez la peau de chaque poisson en diagonale en trois ou quatre endroits à l'aide d'un couteau pointu, en veillant à ne pas enfoncer le couteau trop profondément dans la chair.

2 Préparez une double couche de papier d'aluminium et versez-y le contenu de 2 sachets de thé, un peu de riz et un quart du sucre en poudre au centre. Recouvrez d'une première couche de papier d'aluminium.

3 Disposez 1 maquereau sur la première couche de papier, tartinez la peau du poisson de 1 noix de beurre ou de margarine, assaisonnez généreusement et fermez hermétiquement la papillote sans trop serrer. Assurez-vous de laisser suffisamment de place pour que la fumée puisse circuler à l'intérieur de la papillote. Formez trois autres papillotes de la même manière avec les autres maquereaux et le reste des ingrédients.

4 Placez les papillotes directement sur les braises chaudes et laissez fumer pendant 10 min environ. La chair du poisson doit se détacher facilement de la peau une fois le poisson cuit.

5 Ce plat est délicieux avec du pain frais et de la salade.

CONSEIL

Videz les maquereaux et coupez-leur la tête ou demandez à un poissonnier de s'en charger.

POISSON EN PAPILLOTE DE PAPIER JOURNAL

FARCI AU CITRON ET AU FENOUIL

POUR 4 PERSONNES

4 poissons entiers (maquereaux, truites ou petits bars), de 300 à 400 g chacun
2 citrons, tranchés
2 bulbes de fenouil entiers, tranchés
25 g d'aneth frais (½ bouquet environ)
Sel et poivre

IL VOUS FAUDRA AUSSI

Beaucoup de papier journal

POUR CHANGER UN PEU

• Faites cuire les papillotes sur une grille de barbecue chaude pendant le même temps de cuisson.

• Essayez différents mélanges pour la farce, tels que du thym et de l'ail ou du basilic avec des pignons de pin et de la tomate.

Voici un plat classique à déguster en plein air – un poisson cuit en toute simplicité. Que vous l'ayez pêché vous-même ou pas, cette recette vous permettra de faire ressortir les excellentes saveurs du poisson.

1 Préparez les poissons en les vidant et en nettoyant soigneusement l'intérieur. Faites tremper 5 ou 6 feuilles de papier journal dans un saladier d'eau froide.

2 Farcissez chaque poisson de 2 rondelles de citron, de fenouil et d'aneth. Salez et poivrez généreusement.

3 Préparez quatre ou cinq couches de papier journal mouillé et placez 1 poisson farci au centre. Enveloppez le poisson en serrant bien (le papier mouillé restera bien en place). Répétez l'opération avec les trois autres poissons et le reste de papier journal.

4 Placez les papillotes directement sur les braises chaudes du feu pendant 10 min en les retournant une ou deux fois et en surveillant que le papier journal ne brûle pas trop. Ouvrez les papillotes et dégustez en faisant bien attention aux toutes petites arêtes du poisson.

CONSEIL

N'oubliez pas de garder des journaux. Les petits formats sont préférables, le papier étant de meilleure qualité, mais pour ce qui est du contenu, continuez à préférer les grands journaux !

BAR FUMÉ
ET CREVETTES

POUR 4 PERSONNES

2 bars entiers de 300 à 500 g chacun
8 à 12 grosses crevettes crues, étêtées mais non décortiquées
1 citron
Quartiers de pommes de terre rôtis (voir page 48) et mayonnaise aux herbes, en accompagnement

IL VOUS FAUDRA AUSSI

1 bonne poignée de longues herbes sauvages

Cette recette est vraiment impressionnante sur un feu ; plus encore si vous l'essayez chez vous sur un barbecue. N'oubliez pas de demander à votre poissonnier de vider et d'écailler vos poissons.

1 Incisez la peau de chaque poisson en diagonale en deux ou trois endroits à l'aide d'un couteau pointu, en veillant à ne pas entailler trop profondément la chair.

2 Humidifiez soigneusement les herbes et répartissez-en la moitié en une couche homogène, soit sur une grille de barbecue, soit directement sur les braises chaudes du feu.

3 Déposez les poissons et les crevettes sur les herbes, puis répartissez le reste des herbes sur les poissons de manière à bien les recouvrir. Les herbes grésilleront et fumeront. Pensez à arroser les poissons d'eau pour éviter qu'ils brûlent.

4 Laissez cuire les poissons 10 min de chaque côté selon leur taille. Les crevettes sont cuites lorsque leur couleur est passée du bleu-gris au rose vif.

5 Décortiquez délicatement les crevettes et ôtez la peau des poissons. Coupez le citron en quartiers et servez-les avec les poissons et les crevettes, ainsi que des quartiers de pommes de terre rôtis et une mayonnaise aux herbes.

VARIANTE

Vous pouvez ajouter d'autres herbes sur les poissons avant de les faire cuire – l'oseille ou l'aneth sauvages se marient bien avec le bar.

TRUITE FUMÉE
EN CROÛTE À LA MOUTARDE ET À L'ANETH

POUR 3 À 4 PERSONNES

2 gros filets de truite fraîche, écaillés et l'arête principale ôtée, de 200 g environ chacun
250 g de sel de table fin
250 g de sucre en poudre
100 g d'aneth, les feuilles finement ciselées et les tiges réservées pour la marinade
20 grains de poivre
40 g (1 ½ à 2 cuil. à soupe) de moutarde en grains
Pain frais et jus de citron, en accompagnement

Vous pouvez remplacer la truite par du saumon si vous devez nourrir un plus grand nombre de personnes.

1 Lavez et séchez les filets de truite. Incisez la peau des poissons en deux endroits avec un couteau pointu, en veillant à ne pas entailler trop profondément la chair.

2 Mélangez le sel, le sucre, les tiges d'aneth et les grains de poivre dans un saladier. Recouvrez le fond d'un plat suffisamment grand pour accueillir les 2 filets de truite d'une couche de ce mélange.

3 Déposez les filets de truite dans le plat, côté peau vers le bas, puis parsemez-les du reste de marinade. Filmez et placez au réfrigérateur (ou dans une glacière) pendant au moins 24 h et pas plus de 48 h.

4 Une fois le processus de fumage terminé, la chair du poisson devrait être ferme au toucher et plus foncée. Ôtez bien tout le sel et le sucre des filets et séchez-les de nouveau. Ils doivent être assez durs.

5 Tartinez les filets de truite de moutarde en grains, puis parsemez-les généreusement d'aneth ciselé.

6 Avec un long couteau pointu, tranchez légèrement la truite en diagonale afin d'avoir un peu de croûte avec chaque tranche. Dégustez avec du pain frais et un peu de jus de citron.

PRENEZ UN PEU D'AVANCE Cette recette peut se préparer entre 2 et 3 jours à l'avance. Vous pouvez donc faire mariner les poissons chez vous, bien les envelopper dans du film alimentaire ou les placer dans un récipient hermétique et les stocker au réfrigérateur. Une fois sur place, préparez la recette comme indiqué à partir de l'étape 4.

SARDINES GRILLÉES
À LA TAPENADE ET À LA FETA

POUR 4 PERSONNES
8 à 12 sardines
5 cl (1 gros filet) d'huile d'olive vierge extra, plus pour frotter les sardines
250 g d'olives noires dénoyautées
3 cuil. à soupe de câpres
4 à 6 filets d'anchois
Le jus de ½ citron
250 g (1 tasse) de feta, émiettée
Poivre noir, fraîchement moulu

POUR CHANGER UN PEU

• Essayez de farcir l'intérieur des sardines de basilic frais et de pignons de pin avant de les faire cuire en papillotes.

• Préparez un grand morceau de papier d'aluminium en une double couche et placez 2 à 4 sardines au centre. Formez une papillote en rabattant le papier d'aluminium autour des sardines. Répétez l'opération avec les autres sardines de manière à former quatre papillotes. Faites-les cuire sous un gril chaud ou sur la grille chaude d'un barbecue pendant le même temps de cuisson.

Dégustez ce plat autour d'un feu de camp, un verre de vin à la main, en regardant le soleil se coucher. Ces sardines sont délicieuses accompagnées d'une salade croquante.

1 Lavez soigneusement les sardines, écaillez-les et videz-les (vous pouvez toutefois garder les têtes).

2 Frottez la peau des sardines avec un peu d'huile d'olive.

3 Placez les sardines sur une grille chaude de barbecue et laissez-les cuire 10 à 15 min environ en les retournant deux ou trois fois en cours de cuisson.

4 Pendant ce temps, mixez les olives, les câpres, les anchois, l'huile et le jus de citron dans un robot ou écrasez-les avec un pilon dans un mortier. Mélangez bien tous les ingrédients pour former une pâte en assaisonnant uniquement avec du poivre, les autres ingrédients étant déjà salés.

5 Vérifiez que les sardines sont cuites : leurs yeux doivent être blancs et leur chair doit s'émietter facilement. Répartissez-les dans quatre assiettes. Recouvrez-les de tapenade et parsemez-les de feta.

THON AU BARBECUE

AU CITRON VERT ET AU PIMENT

POUR 4 PERSONNES

4 steaks de thon, de 125 à 150 g chacun
Le jus et le zeste de 1 citron vert
4 cuil. à soupe d'huile d'olive
1 piment rouge, épépiné et émincé finement
25 g (environ ½ bouquet) de coriandre, finement ciselée
Sel et poivre du moulin

Cette recette est parfaite pour un barbecue à la maison ou, mieux encore, sur une plage lorsque vous êtes entouré d'amis.

1 Mélangez le jus et le zeste de citron vert, l'huile d'olive et le piment dans un bol. Placez les steaks de thon dans un plat peu profond et arrosez-les de marinade en veillant à bien les recouvrir. Salez et poivrez. Couvrez et laissez le thon mariner dans le réfrigérateur ou une glacière pendant 10 min environ.

2 Retirez les steaks de thon de la marinade et déposez-les directement sur la grille chaude du barbecue. Laissez cuire 10 min en les retournant à mi-cuisson. Servez les steaks parsemés de coriandre fraîche. N'oubliez pas que le thon est meilleur un peu rose au milieu si vous l'avez acheté frais.

CONSEIL

Vérifiez toujours que votre barbecue est prêt et que vous disposez de braises bien chaudes pour faire cuire votre plat avant de commencer votre recette.

POUR CHANGER UN PEU

- Vous pouvez aussi agrémenter la marinade de gingembre et d'ail.
- Adaptez la quantité de piment à votre goût, selon que vous aimez manger plus ou moins épicé !
- Faites cuire les steaks de thon dans une poêle sur un réchaud de camping pendant le même temps de cuisson.

SANDWICH AU POISSON

Par James May

POUR 1 PERSONNE

5 bâtonnets de poisson panés
2 tranches de pain blanc
Beurre
Sauce au choix – tomate, salade, mayonnaise, etc.
Poivre
Un peu d'huile

Le savoir-faire scout est vraiment très utile, par exemple en matière de lecture de carte. Si vous savez comment lire les symboles et les courbes de niveau, la carte devient un objet tridimensionnel et non plus une simple feuille de papier. Vous pouvez dire : « Cette route présente une déclivité » ou : « On va trouver des arbres à cet endroit », etc.

JAMES MAY

1 Versez un peu d'huile dans une poêle chaude. Mettez les bâtonnets de poisson à cuire – ils devraient grésiller légèrement. Comptez 6 min environ de cuisson de chaque côté – la panure des bâtonnets devrait dorer un peu et devenir croustillante.

2 Pendant ce temps, beurrez les 2 tranches de pain. Tartinez l'une d'elles avec la sauce de votre choix – j'opte pour ma part pour de la sauce salade ou du ketchup, voire les deux.

3 Déposez les bâtonnets de poisson cuits sur la tranche de pain beurrée, quatre côte à côte et le cinquième en travers au-dessus. Poivrez. Recouvrez ensuite avec la seconde tranche de pain imbibée de sauce et appuyez bien.

4 Coupez le sandwich en deux dans le sens de la longueur et dégustez.

SOUPE ÉCOSSAISE AU HADDOCK

Par Richard Wilson

POUR 4 PERSONNES
1 kg de haddock fumé
1 gros oignon, tranché
90 cl (3 ½ tasses) de lait
250 g de purée de pommes de terre
50 g de beurre, coupé en dés
1 cuil. à soupe de crème
Sel et poivre

Cette soupe est parfaite après une marche d'hiver lorsque vous rêvez d'un plat délicieux et qui réchauffe.

RICHARD WILSON

1 Mettez le haddock fumé dans une casserole avec suffisamment d'eau pour le recouvrir et laissez mijoter pendant 5 min environ. Sortez le poisson de l'eau, ôtez les arêtes et la peau.

2 Remettez le poisson dans la casserole avec l'oignon et poursuivez la cuisson 15 min. Versez le lait et portez à ébullition. Ajoutez la purée de pommes de terre et remuez afin d'obtenir une préparation crémeuse. Incorporez le beurre, assaisonnez à votre goût et agrémentez d'un peu de crème avant de servir.

ANGES ET DÉMONS À CHEVAL

POUR 4 PERSONNES
12 tranches de lard fumé
12 huîtres fraîches, sans coquille
12 pruneaux d'Agen
Sel et poivre

IL VOUS FAUDRA AUSSI
Piques à brochettes en métal

Voici un nom étrange pour une recette très simple composée de délicieux ingrédients.

1 Coupez les tranches de lard fumé en deux et disposez-les sur une plaque à pâtisserie. Déposez 1 huître sur la moitié des tranches de lard et 1 pruneau sur l'autre moitié. Salez et poivrez, puis formez des petits rouleaux « anges et démons » en recouvrant bien les huîtres et les pruneaux.

2 Enfilez les rouleaux sur des piques à brochettes en métal et disposez-les sur une grille placée au-dessus des braises chaudes du feu. Faites cuire 3 ou 4 min de chaque côté environ, jusqu'à ce que le lard soit croustillant.

MOULES (ET SAINT-JACQUES)

SIMPLES ET BONNES

POUR 4 PERSONNES

2 à 3 kg de moules

4 à 8 grosses saint-jacques, sans coquille (gardez-les pour les faire cuire à l'intérieur)

IL VOUS FAUDRA AUSSI

1 grosse pierre plate

POUR CHANGER UN PEU

• Vous n'êtes pas obligé de faire cuire les fruits de mer sur une pierre, vous pouvez tout à fait les rassembler dans une grosse marmite que vous placerez au-dessus d'un feu et les agrémenter d'un peu de vin blanc, de beurre, d'ail et de persil, en laissant cuire jusqu'à ce que toutes les moules soient ouvertes.

• Vous pouvez remplacer les moules et les saint-jacques par des couteaux et des huîtres.

Il s'agit moins d'une recette que d'une méthode de cuisson, parfaite pour le plein air, surtout si vous êtes sur la plage et que vous avez la possibilité de ramasser des coquillages. Ce plat peut également se préparer pour un grand nombre de personnes.

1 Vérifiez tout d'abord que votre feu est bien chaud et que vous disposez de braises rougeoyantes pour faire cuire les moules et les saint-jacques.

2 Placez une grosse pierre plate directement sur les braises du feu et laissez-la chauffer pendant 1 h au moins.

3 Lavez les moules dans de l'eau froide puis retirez les filaments. Éliminez toutes les moules ouvertes qui ne se ferment pas lorsque vous les tapotez.

4 Demandez à votre poissonnier de vous préparer les saint-jacques en enlevant l'estomac et les branchies (qui ne sont pas comestibles), puis remettez leur chair blanche à l'intérieur des coquilles pour les faire cuire.

5 Une fois la pierre chaude, placez les saint-jacques directement dessus. Laissez-les cuire pendant 15 min environ, puis ajoutez les moules. Prolongez la cuisson de 10 à 15 min. (Vous pouvez également disposer les moules verticalement, directement dans les braises (voir illustration ci-contre) et les regarder s'ouvrir.) Les moules commenceront à bouger une fois chaudes et s'ouvriront une fois cuites. Éliminez toutes les moules qui ne se sont pas ouvertes en cuisant. Dégustez ce plat de préférence bien chaud et avec du pain frais et du beurre.

Remarque : Vérifiez toujours que les fruits de mer sont bien cuits avant de les manger, et si vous hésitez à en éliminer certains, n'oubliez pas que l'on n'est jamais trop prudent ; fiez-vous à votre instinct.

LE MAQUEREAU ÉPICÉ D'ANTONY

Par Antony Worrall Thompson

POUR 8 PERSONNES

8 filets de maquereau de 100 g environ chacun

POUR LE MÉLANGE ÉPICÉ

1 cuil. à soupe de graines de coriandre

1 cuil. à soupe de graines de moutarde noire

1 cuil. à soupe de graines de cumin

1 cuil. à café de grains de poivre noir

1 piment épicé séché, coupé en morceaux, épépiné si vous le souhaitez

1 cuil. à café de sel

1 cuil. à soupe de cassonade brune non raffinée

J'ai d'excellents souvenirs en tant que scout. C'était il y a longtemps déjà, mais je me rappelle que nous avions un badge si nous savions faire la cuisine, réaliser des nœuds (correctement !), rendre des services… je détenais le record en la matière. Je me souviens des jours heureux autour du feu de camp avec mes copains scouts. Je conseillerais vraiment à tous d'être scout ; on fait bien plus que s'amuser – pour moi, cela fait partie de l'éducation d'un enfant.

ANTONY WORRALL THOMPSON

1 Préparez le mélange épicé. Faites chauffer une poêle à sec à feu moyen, puis mettez-y les graines et le poivre et faites-les griller pendant 2 ou 3 min en secouant la poêle de temps en temps, jusqu'à ce que les graines de moutarde éclatent et que les épices dégagent leur arôme. Écrasez les épices grillées et le piment jusqu'à l'obtention d'une poudre lisse dans un moulin à café ou à l'aide d'un pilon et d'un mortier, ou encore avec un rouleau à pâtisserie. Mélangez la poudre obtenue avec la cassonade et le sel. Stockez le mélange épicé dans un récipient hermétique bien fermé jusqu'à ce que vous en ayez besoin.

2 Saupoudrez légèrement les deux côtés de chaque filet de maquereau de mélange épicé – 2 cuil. à café environ par filet – et laissez mariner au moins 30 min.

3 Pour pouvoir les retourner facilement, placez les filets dans une grille métallique double et faites-les cuire 1 ou 2 min de chaque côté sur un barbecue chaud, jusqu'à ce qu'ils soient légèrement grillés et fermes au toucher.

PRENEZ UN PEU D'AVANCE Préparez le mélange épicé chez vous et emportez-le au camp. Vous pouvez le stocker dans un récipient hermétique dans un endroit frais et sombre pendant 3 mois maximum et l'utiliser avec n'importe quel poisson.

DORADE RÔTIE

SAUCE NOIX DE COCO, PIMENT ET CITRON VERT

Par Levi Roots

POUR 8 PERSONNES

- 1 dorade de 3 kg, rose ou grise, vidée et écaillée
- Le jus de 1 citron vert

POUR LA FARCE

- 1 petit bouquet de coriandre fraîche, finement ciselée
- 1 petit bouquet de persil plat, finement ciselé
- 8 brins de thym, effeuillés
- Le zeste de 1 citron vert
- Le jus de 2 citrons verts
- 1 morceau de 4 cm de gingembre frais, émincé très finement
- 1 piment rouge épicé (dans l'idéal scotch bonnet), épépiné et émincé finement
- 5 ou 6 cuil. à soupe d'huile d'olive
- Sel et poivre

POUR LA SAUCE

- 250 g de chair de noix de coco fraîche
- ¼ de cuil. à café de sucre en poudre
- Le jus de 8 citrons verts
- Le zeste de 2 citrons verts
- 2 piments rouges, épépinés et coupés en 5 petits morceaux
- 1 petit bouquet de coriandre fraîche, grossièrement ciselée

Lorsqu'on cuisine en camping, il est très facile de se limiter à des plats fades et consistants. Je trouve personnellement que cela gâche la magie de l'expérience du grand air. N'oubliez pas que vous avez tout votre temps, alors pourquoi ne pas en profiter pour essayer de nouvelles herbes et épices, oser de nouvelles couleurs et de nouveaux mélanges ? Vos recettes en seront meilleures et vos journées plus belles.

LEVI ROOTS

1 Préchauffez le four à 200 °C (th. 6-7). À l'aide d'un couteau très pointu, entaillez profondément la chair du poisson en trois endroits de chaque côté. Arrosez du jus de citron vert. Mélangez tous les ingrédients de la farce et glissez-la dans les entailles et à l'intérieur du poisson.

2 Déposez la dorade dans un moule allant au four tapissé de papier d'aluminium et faites rôtir à découvert dans le four chaud pendant 45 min. Le poisson est bien cuit lorsque la chair la plus proche de l'arête principale, aux endroits les plus épais, est parfaitement blanche.

3 Préparez la sauce. Avec un épluche-légumes, formez des copeaux de noix de coco très fins. Mélangez le sucre avec le jus de citron vert en remuant jusqu'à ce qu'il se dissolve. Ajoutez les copeaux de noix de coco et tous les autres ingrédients. Servez la sauce obtenue avec la dorade.

POUR CHANGER UN PEU

• Choisissez un poisson plus petit (1 à 2 kg environ), farcissez-le, enveloppez-le dans du papier d'aluminium et faites-le cuire sur les braises chaudes d'un feu pendant 35 min à 1 h selon sa taille, en le retournant toutes les 15 min environ afin d'obtenir une cuisson homogène.

LA CUISINE
EST AU
CŒUR
DU
CAMP.

PHILIP CARRINGTON,
CHEF SCOUT ET AUTEUR, 1918

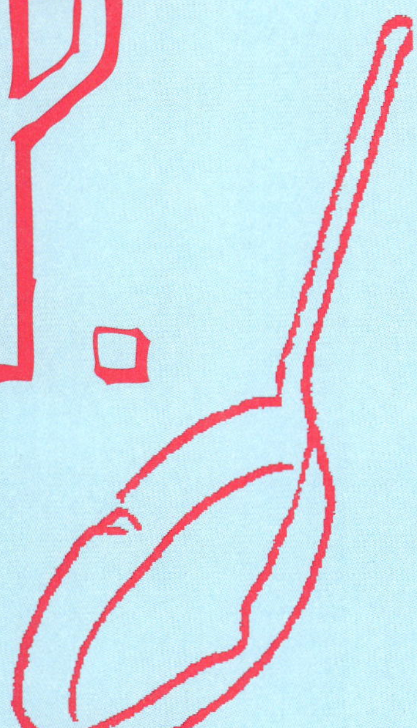

L'AIR FRAIS ET LES LÉGUMES FRAIS VONT TRÈS BIEN ENSEMBLE. ILS APPORTENT TOUS LES DEUX BEAUCOUP D'ÉNERGIE, DE PLAISIR ET DE COULEUR AUX RECETTES DE PLEIN AIR. DES SALADES À LA MENTHE AUX RISOTTOS CRÉMEUX, EN PASSANT PAR LES SOUPES RUSTIQUES, VOICI DES PLATS QUI SONT LOIN D'ÊTRE RÉSERVÉS AUX VÉGÉTARIENS !

LÉGUMES ET GARNITURES

HALLOUMI GRILLÉ

PETITS POIS, FÈVES ET SALADE À LA MENTHE

POUR 4 PERSONNES

- 400 g de halloumi, coupé en tranches de 1 cm d'épaisseur environ
- 150 g de petits pois frais (ou surgelés si vous n'en trouvez pas)
- 150 g de fèves fraîches (ou surgelées si vous n'en trouvez pas)
- 1 grosse poignée de feuilles de salades de saison (roquette, sucrine ou endives), lavées
- 25 g (½ bouquet environ) de menthe fraîche, grossièrement ciselée
- Le jus de ½ citron
- 1 filet d'huile d'olive
- Poivre noir du moulin

Quelle que soit la saison, cette salade est rafraîchissante, colorée et vraiment délicieuse. Le halloumi est un fromage idéal à griller car il est ferme et ne fond pas en cuisant.

1 Préparez un feu ou un barbecue. Plongez les tranches de halloumi dans un peu d'huile d'olive et assaisonnez-les avec du poivre noir du moulin.

2 Si vous utilisez des petits pois et des fèves frais, écossez-les, puis faites-les blanchir dans de l'eau bouillante pendant 3 ou 4 min.

3 Placez les tranches de halloumi sur une grille installée au-dessus d'un feu ou sur la grille d'un barbecue et laissez cuire 5 min environ en retournant à mi-cuisson. Retirez le fromage de la grille et laissez-le refroidir légèrement.

4 Mélangez les feuilles de salade avec la menthe. Vous pouvez couper le fromage en dés ou le garder en tranches. Disposez les feuilles de salade à la menthe sur un grand plat, garnissez-les de halloumi grillé, des légumes et arrosez de jus de citron et d'huile d'olive.

LES MACARONIS AU FROMAGE DE BONITA

Par Bonita Norris (la plus jeune femme à avoir gravi l'Everest)

POUR 4 À 6 PERSONNES

500 g de macaronis
100 g (⅓ de tasse) de mascarpone
150 g de cheddar, râpé
8 à 12 tomates cerise
Parmesan, râpé
1 petite boule de mozzarella
¼ de noix muscade
Sel et poivre
Huile, pour frire

Voilà un plat fantastique à déguster lorsque vous rentrez chez vous après une randonnée ou après avoir escaladé une montagne ! C'est un plat excellent à partager en famille et entre amis.

BONITA NORRIS

1 Préchauffez le four à 200 °C (th. 6-7) ou préparez un feu de camp (voir pages 22-25).

2 Faites cuire les macaronis dans une casserole d'eau bouillante légèrement salée, jusqu'à ce qu'ils soient *al dente*. Égouttez-les en réservant un peu de l'eau de cuisson.

3 Faites chauffer de l'huile dans une poêle, ajoutez les pâtes cuites dans la poêle avec 2 cuil. à soupe de l'eau de cuisson réservée et le mascarpone. Une fois le mascarpone transformé en sauce, incorporez un peu de cheddar râpé.

4 Transférez la préparation dans un plat allant au four et ajoutez les tomates cerise, mélangez, salez et poivrez, puis parsemez de parmesan râpé et de lamelles de mozzarella avant de râper la noix muscade sur le dessus du gratin.

5 Faites cuire dans le four chaud ou sur un feu de camp pendant 10 min et terminez la cuisson sous le gril du four si possible afin que le dessus soit bien gratiné.

VARIANTE
Ajoutez des dés de pancetta ou des tranches de lard fumé émincées pour en un plat plus complet.

PRENEZ UN PEU D'AVANCE Si vous n'avez pas envie de faire un feu, voici un plat que vous pouvez tout à fait préparer chez vous et emporter pour le réchauffer.

RAGOÛT DE HARICOTS MEXICAIN

AUX LÉGUMES DU JARDIN

Par Joanne Smallman (animateur jeunesse)

POUR 6 PERSONNES

100 g (2 poignées) de haricots verts, coupés en morceaux de 2,5 cm de long
1 boîte de 400 g de haricots rouges, rincés et égouttés
2 boîtes de 400 g de haricots (cannellini, pois chiches, borlotti – à vous de choisir !), rincés et égouttés
1 oignon, émincé
2 gousses d'ail, émincées ou écrasées
100 à 150 g de carottes râpées
3 cuil. à café bombées de paprika
½ cuil. à café de piment en poudre (ou plus si vous aimez manger épicé)
1 cuil. à café bombée de cumin en poudre
1 boîte de 400 g de tomates en morceaux
50 cl (2 tasses) de bouillon de légumes
2 cuil. à soupe de ketchup
200 g de courgette en dés
Sauce Worcestershire, à votre convenance
2 cuil. à café d'huile

EN ACCOMPAGNEMENT

Galettes de riz ou tortillas
Crème fraîche, fromage râpé

Cette recette est bon marché, savoureuse et rapide. Même lorsque vous achetez tous les ingrédients, le coût par personne reste très raisonnable et vous économiserez de l'argent si vous utilisez vos propres produits. Vous pouvez facilement multiplier les proportions pour nourrir un grand groupe et ce plat est encore meilleur réchauffé – vous pourrez donc terminer les restes au déjeuner du lendemain !

1 Faites chauffer l'huile dans une grande casserole, ajoutez l'oignon et l'ail et faites-les revenir pendant quelques minutes, jusqu'à ce qu'ils soient translucides mais pas roussis.

2 Ajoutez les carottes, puis les épices dans la casserole. Remuez et laissez cuire encore 1 min.

3 Versez les tomates, le bouillon et le ketchup, baissez le feu et laissez mijoter. (Cette recette peut être difficile à faire cuire sur un feu, ajoutez simplement un peu d'eau de temps en temps si le liquide s'évapore trop rapidement.)

4 Mettez ensuite la courgette, les haricots verts, tous les haricots en conserve et de la sauce Worcestershire selon votre goût. Remuez bien et laissez mijoter pendant 20 min, jusqu'à ce que les haricots verts soient tendres.

5 Dégustez ce ragoût avec des galettes de riz ou des tortillas, une bonne cuillerée de crème fraîche et un peu de fromage râpé.

POUR CHANGER UN PEU

- Accompagnez ce ragoût d'une salade verte au basilic maison.
- Vous pouvez faire cuire ce plat dans un four hollandais (voir page 29).

POUR CHANGER UN PEU

- Si vous ne trouvez pas de feuilles de pissenlits, vous pouvez aussi utiliser de la roquette.

POUR 4 PERSONNES

200 g (1 grosse poignée) de feuilles de pissenlits fraîches
250 g (1 tasse) de betteraves cuites, coupées en quartiers
50 g (1 petite poignée) de noix
10 g de ciboulette, ciselée
4 cuil. à soupe de vinaigre de vin blanc
4 cuil. à soupe d'huile d'olive ou 2 cuil. à soupe d'huile de noisettes mélangée avec 2 cuil. à soupe d'huile d'olive
Sel et poivre

PISSENLITS, BETTERAVES
ET SALADE AUX NOIX

Voici une association inhabituelle de saveurs, parfaitement adaptée aux repas de plein air. Veillez à sélectionner les plus petites (jeunes) feuilles de pissenlits, les grandes pouvant être très amères.

1 Lavez soigneusement les feuilles de pissenlits, surtout si vous les avez cueillies dans la nature.

2 Faites légèrement griller les noix sur une double couche de papier d'aluminium placée au-dessus des braises chaudes d'un feu. Écrasez les noix grillées dans un torchon ou un sac en plastique avec une bouteille ou un rouleau à pâtisserie.

3 Mélangez la ciboulette ciselée, le vinaigre et l'huile dans un bol, assaisonnez légèrement.

4 Réunissez tous les ingrédients dans un saladier sans trop mélanger, les betteraves risquant de tacher les feuilles de salade.

COURGETTES ET ÉCHALOTES
RÔTIES AU VINAIGRE BALSAMIQUE

POUR 4 PERSONNES

2 grosses courgettes vertes ou jaunes, tranchées ou coupées en dés
8 petites échalotes rondes, pelées et coupées en deux ou 300 g (1 ¼ tasse) de petits oignons blancs, pelés et gardés entiers
1 ou 2 brins de thym
1 filet d'huile d'olive
2 ou 3 cuil. à soupe de vinaigre balsamique
Sel et poivre

Voici une excellente recette à essayer à la maison sur un barbecue. C'est une garniture parfaite pour accompagner le poulet farci (voir page 82) ou le poulet à la crapaudine (voir page 79). Inutile d'utiliser un vinaigre balsamique coûteux. Essayez avec des petites courgettes et des échalotes.

1 Disposez les courgettes et les échalotes ou les oignons sur une double couche de papier d'aluminium.

2 Effeuillez les brins de thym et parsemez-en les légumes. Arrosez d'un peu d'huile d'olive et de vinaigre balsamique, puis assaisonnez généreusement. Rabattez les coins du papier d'aluminium vers le centre et fermez pour former une papillote.

3 Placez la papillote directement sur les braises chaudes du feu. Laissez cuire de 20 à 30 min en secouant la papillote à mi-cuisson.

CONSEIL
Soyez très prudent lorsque vous ouvrez la papillote, de la vapeur chaude pouvant s'échapper du papier d'aluminium.

RISOTTO CRÉMEUX
AUX CHAMPIGNONS

POUR 4 PERSONNES

350 g (1 ½ tasse) de riz arborio
250 g (1 tasse) de champignons frais tranchés (personnellement, je préfère les gros champignons de Paris ou les cèpes, mais vous pouvez aussi choisir de petits champignons de Paris)
1 oignon, coupé en dés
1 gousse d'ail, écrasée finement ou coupée en dés
1,2 l (4 tasses) de bouillon de légumes chaud préparé avec 1 cube
25 g (1 grosse noix) de beurre
25 g (1 bonne pincée) de parmesan râpé
25 g de persil, finement ciselé
Sel et poivre
Huile, pour frire

POUR CHANGER UN PEU

• Vous pouvez ajouter du blanc de poulet coupé en dés, pour les amateurs de viande, ou des poivrons rouges grillés.

• Remplacez les champignons frais par des champignons séchés si vous n'en trouvez pas.

Les risottos sont devenus de plus en plus populaires au fil des ans en raison de leurs nombreuses variantes. Il y a également quelque chose de réconfortant à déguster un savoureux risotto crémeux et bien chaud, surtout lorsqu'il fait froid le soir. Vous pouvez préparer cette recette avec n'importe quelle variété de champignons et la rendre plus diététique si vous avez un peu trop abusé des bons petits plats en camping.

1 Faites chauffer un peu d'huile dans une casserole moyenne à fond épais sur un feu ou un réchaud de camping. Ajoutez l'oignon et l'ail et laissez-les fondre pendant 5 min environ. Ajoutez les champignons et faites-les dorer pendant 2 ou 3 min.

2 Versez le riz et remuez, de manière à bien l'enrober d'huile.

3 Versez un peu de bouillon chaud et continuez à remuer jusqu'à ce que tout le liquide ait été absorbé. Ajoutez peu à peu tout le liquide en remuant, jusqu'à ce que les grains de riz soient bien gonflés, crémeux et tendres.

4 Salez et poivrez, puis incorporez le beurre, le parmesan et le persil ciselé en remuant.

OMELETTE

AUX POMMES DE TERRE, POIVRONS ET TOMATES CERISE

POUR 4 PERSONNES

250 g (1 tasse) de pommes de terre cuites, coupées en dés
1 poivron, épépiné et coupé en lamelles
12 à 15 tomates cerise
150 g (⅔ de tasse) de fromage à pâte dure, râpé (cheddar ou gruyère dans l'idéal)
5 œufs, battus
20 cl (1 tasse) de lait
Sel et poivre
Huile, pour graisser

Voici une recette parfaite pour finir des restes de pommes de terre ou de salade de tomates de la veille.

1 Graissez un moule à tarte de 20 cm de diamètre, une poêle ou un plat profond allant au four avec un peu d'huile.

2 Disposez les pommes de terre cuites, les poivrons et les tomates cerise dans le plat et parsemez-les de la moitié du fromage.

3 Mélangez les œufs battus et le lait dans un saladier, salez et poivrez. Versez la préparation sur les légumes et parsemez du reste de fromage.

4 Couvrez le moule, la poêle ou le plat avec du papier d'aluminium et placez-le sur les braises chaudes du feu. Laissez cuire pendant 40 min environ. Vérifiez si les œufs sont cuits à l'aide d'un couteau avant de découper l'omelette en parts et de servir.

POUR CHANGER UN PEU

- Faites chauffer le moule ou le plat dans un four classique préchauffé à 200 °C (th. 6-7) pendant 20 à 25 min environ, jusqu'à ce que les œufs soient tout juste pris.

- Vous pouvez aussi faire cuire cette omelette sur un réchaud de camping ou un barbecue chaud dans une grande poêle.

- Agrémentez cette recette à votre goût, par exemple avec vos légumes favoris, du pesto ou des olives.

RIZ HOLLANDAIS

Par Carol Vorderman

POUR 2 PERSONNES

250 g de riz
1 cuil. à café bombée de pâte miso
1 gros oignon, tranché
2 œufs, battus
2 ou 3 cuil. à soupe d'huile végétale
Sauce soja, en accompagnement

Les scouts sont connus pour faire cuire des saucisses sur un feu de camp – j'adore faire cuire des saucisses sur un feu et les saucisses du Lincolnshire sont vraiment mes préférées. Leur odeur est fantastique. Voici une recette qui se marie particulièrement bien avec elles.

CAROL VORDERMAN

1 Faites cuire le riz selon la méthode de votre choix.

2 Mettez à dissoudre la pâte miso dans une tasse d'eau bouillante et remuez bien.

3 Faites chauffer l'huile dans une grande poêle et faites-y fondre les oignons tranchés à feu doux.

4 Versez les œufs battus sur les oignons et laissez cuire à feu doux, sans cesser de remuer. Ajoutez peu à peu le riz cuit, tout en continuant à mélanger.

5 Ajoutez la pâte miso et réchauffez le tout 1 à 2 min. Baissez le feu et laissez réduire, jusqu'à ce que le liquide se soit évaporé.

6 Servez avec de la sauce soja.

VARIANTE

Transformez ce riz en un plat de viande : enlevez les oignons de la poêle à la fin de l'étape 3, ajoutez 175 g de lard fumé émincé dans la poêle chaude et faites revenir pendant 5 à 8 min, jusqu'à ce que le lard soit croustillant. Remettez les oignons dans la poêle et poursuivez à partir de l'étape 4.

COURGE ET AUBERGINE
RÔTIES EN PAPILLOTE AU ROMARIN

POUR 4 PERSONNES
1 courge *butternut*
1 aubergine
2 ou 3 tiges de romarin
1 filet d'huile d'olive
Sel et poivre

L'arôme de la courge rôtie lorsque vous ouvrez la papillote est vraiment délicieux. C'est également un régal pour les yeux, la courge orange vif ayant caramélisé sur les bords, difficile d'y résister ! Cette garniture est excellente avec le poulet farci (voir recette page 82).

1 Coupez la courge en deux dans le sens de la longueur et épépinez-la. Tranchez de nouveau chaque moitié de courge dans le sens de la longueur en gros morceaux. Coupez l'aubergine en tranches dans la longueur.

2 Effeuillez les tiges de romarin et récupérez les feuilles.

3 Mélangez les légumes coupés, ajoutez le romarin, salez, poivrez et arrosez d'huile d'olive.

4 Disposez les légumes sur une double couche de papier d'aluminium, puis relevez les coins du papier et formez une papillote ronde.

5 Placez la papillote directement sur les braises chaudes du feu et laissez cuire pendant 40 min environ, en secouant à mi-cuisson.

POUR CHANGER UN PEU

• Faites cuire la papillote sur une grille de barbecue chaude pendant le même temps de cuisson.

POUR CHANGER UN PEU

- Adaptez le piment à votre goût.
- Vous pouvez également préparer un plat de viande en remplaçant la semoule ou le riz par du porc ou du bœuf haché.
- Faites cuire la papillote sur une grille de barbecue chaude pendant le même temps de cuisson.

POUR 1 PERSONNE

1 poivron vert
50 g (1/3 de tasse) de semoule ou de riz cuit
50 g (1/3 de tasse) de chapelure ou de biscuits salés écrasés
5 à 10 gouttes de Tabasco
1 cuil. à café de piment fumé
½ gousse d'ail, finement émincée

POIVRONS À LA MEXICAINE

Si vous aimez les plats épicés, cette recette vous conviendra parfaitement. Ajoutez du Tabasco selon votre goût.

1 Tranchez le haut du poivron et épépinez-le.

2 Faites bouillir de l'eau dans une casserole et plongez-y le poivron pendant 5 min environ pour le précuire. Laissez-le refroidir légèrement.

3 Mélangez la semoule ou le riz cuit et la chapelure ou les biscuits écrasés avec le Tabasco, le paprika et l'ail.

4 Farcissez le poivron du mélange précédemment obtenu, placez-le sur une double couche de papier d'aluminium et rabattez les côtés du papier autour du poivron en entortillant le haut pour bien fermer la papillote.

5 Placez la papillote directement sur les braises chaudes du feu et laissez cuire pendant 30 min environ.

GÂTEAUX DE POMMES DE TERRE

Par Phillip Schofield

POUR 4 PERSONNES

400 à 500 g de pommes de terre, pelées et coupées en dés
15 cl (½ tasse) de lait
50 à 75 g (4 à 6 cuil. à soupe) de beurre
150 g (½ tasse) de farine autolevante
Sel et poivre

POUR CHANGER UN PEU

• Faites cuire les gâteaux de pommes de terre sur une plaque à pâtisserie dans un four classique préchauffé à 150 °C (th. 5) pendant le même temps de cuisson.

Il arrive que l'on ait juste envie d'un plat réconfortant, consistant et facile à préparer. Voici la recette idéale.

1 Portez une casserole d'eau bouillante légèrement salée à ébullition et plongez-y les pommes de terre pour les faire cuire.

2 Égouttez les pommes de terre et écrasez-les en ajoutant le lait et le beurre ; salez et poivrez à votre convenance.

3 Versez suffisamment de farine pour obtenir une pâte ferme.

4 Divisez la pâte en 4 parts et formez 4 petits gâteaux plats d'environ 1 cm d'épaisseur.

5 Disposez les gâteaux de pommes de terre sur une plaque à pâtisserie ou une double couche de papier d'aluminium et posez-les sur les braises chaudes du feu. Laissez cuire 15 à 20 min environ, jusqu'à ce qu'ils soient bien dorés.

LES DESSERTS DE CAMPING NE SE LIMITENT PAS AUX CHAMALLOWS (BIEN QU'ILS CONSTITUENT UN DÉLICIEUX DESSERT ; ESSAYEZ DONC MA RECETTE DE CHAMALLOWS GRILLÉS ET BONBONS GÉLIFIÉS, PAGE 157). DE L'ANANAS GRILLÉ AU SIROP DE RHUM (VOIR PAGE 154) AUX PLUS CLASSIQUES BEIGNETS (VOIR PAGE 149), VOICI QUELQUES RECETTES SUCRÉES EXCELLENTES AU GRAND AIR.

ENVIES SUCRÉES

CONFITURE DE FRUITS ROUGES

POUR 700 G ENVIRON

- 450 g (3 ½ tasses) de fruits rouges (fraises, mûres, framboises et myrtilles équeutées), frais ou surgelés
- 500 g de sucre à confiture ou de sucre gélifiant (voir remarque ci-dessous)

IL VOUS FAUDRA AUSSI

- Bocaux et couvercles stérilisés

Voici une recette de confiture vraiment simple, idéale à préparer un jour de pluie. Excellente avec des pancakes ou étalée sur du pain frais.

1 Réunissez les fruits rouges dans une grande casserole et écrasez-les avec une fourchette pour en extraire le jus. Mettez la casserole à chauffer à feu moyen, soit sur un feu, soit sur un réchaud de camping et laissez compoter les fruits pendant 10 à 15 min.

2 Versez le sucre à confiture ou le sucre gélifiant dans la casserole et portez à ébullition. Lorsque de grosses bulles commencent à se former et qu'il devient difficile de remuer, laissez bouillir pendant 4 à 5 min, puis retirez la casserole du feu.

3 Laissez la confiture refroidir légèrement, puis transférez-la dans les bocaux stérilisés. Fermez-les bien et mettez-les au réfrigérateur. La confiture pourra se garder pendant 1 mois si elle est stockée dans un endroit frais et sombre.

Remarque : Le sucre à confiture et le sucre gélifiant sont des variétés spéciales de sucre auxquelles de la pectine a été ajoutée pour faire durcir les confitures et les gelées.

PRENEZ UN PEU D'AVANCE Préparez une grande quantité de cette confiture pour pouvoir en emporter avec vous lorsque vous partez camper – elle est idéale pour les toasts à la confiture du petit déjeuner.

POUR 4 POMMES D'AMOUR
4 pommes à croquer
200 g (1 tasse) de sucre en poudre
1 cuil. à soupe de cannelle ou de noix muscade

POMMES D'AMOUR

Les pommes d'amour me rappellent des souvenirs de fêtes foraines et de soirées autour du feu. Impossible de résister à la pomme cuite chaude et à son glaçage au sucre...

1 Lavez et séchez bien les pommes. Plantez chacune d'elles sur un bâton de bois vert dont vous aurez gratté l'écorce (voir page 94) ou une pique en bois et tenez-la au-dessus des braises chaudes d'un feu, jusqu'à ce que la peau soit roussie (mais pas brûlée). Une fois les pommes roussies, retirez-les du feu et grattez leur peau.

2 Mélangez le sucre et la cannelle ou la muscade et retournez les pommes dans ce mélange afin de les recouvrir complètement.

3 Faites tourner les pommes au-dessus des braises chaudes du feu, jusqu'à ce que le sucre fonde et caramélise. Retirez les pommes du feu, déposez-les sur une feuille de papier d'aluminium et laissez-les refroidir et durcir avant de les déguster.

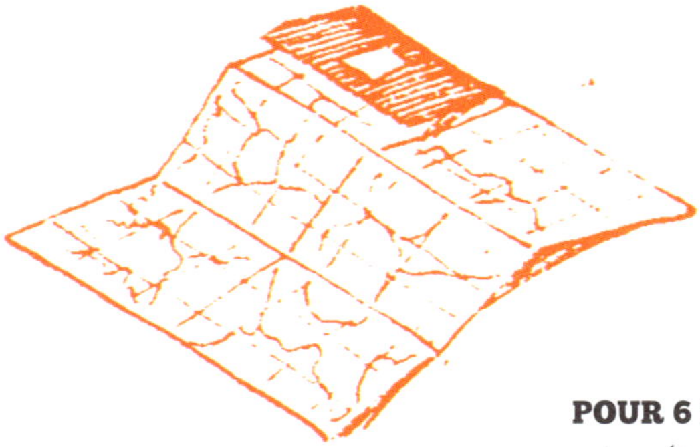

POUR 6 BISCUITS

250 g (1 tasse) de flocons d'avoine
1 cuil. à café de sel
1 cuil. à café de levure chimique
10 g (½ cuil. à soupe) de sucre roux de canne Demerara
1 cuil. à soupe de beurre fondu, ou de margarine

BISCUITS D'AVOINE

Ce dessert est essentiellement composé de flocons d'avoine. Si vous préférez un biscuit salé, supprimez simplement le sucre et vous obtiendrez un délicieux cracker à déguster avec du fromage.

1 Mélangez trois quarts des flocons d'avoine avec le sel, la levure chimique et le sucre dans un saladier. Ajoutez le beurre fondu et remuez bien. Versez un tout petit peu d'eau chaude pour lier le mélange.

2 Pétrissez la pâte de manière à former une boule et posez-la sur une feuille de papier d'aluminium légèrement farinée. Étalez la pâte sur la feuille de papier d'aluminium de manière à obtenir une grosse saucisse. Recouvrez la pâte du reste de flocons d'avoine, puis coupez-la en 6 tranches.

3 Placez les biscuits sur une double couche de papier d'aluminium et déposez-les directement sur les braises chaudes du feu ; laissez-les cuire 8 à 10 min environ, en les retournant à mi-cuisson, jusqu'à ce que leur bord des biscuits commence à dorer. Si vous préférez, vous pouvez aussi enfiler les biscuits sur des piques à brochettes et terminer la cuisson au-dessus du feu.

ORANGE AU CHOCOLAT

POUR 1 ORANGE
1 grosse orange
3 chocolats très fins fourrés à la menthe (type After Eight)

Voici une recette presque aussi amusante à préparer qu'à déguster !

1 Coupez l'orange en deux et enlevez un maximum de pépins.

2 Déposez les 3 chocolats sur une moitié de l'orange, puis recouvrez avec l'autre moitié.

3 Enveloppez l'orange dans une double couche de papier d'aluminium et placez-la directement sur les braises chaudes du feu pendant 10 à 15 min en la retournant souvent. Ouvrez délicatement le papier d'aluminium et dégustez à la cuillère (comme si vous mangiez un pamplemousse).

LES CROQUANTS DU CAMP

POUR 15 CROQUANTS

200 g (¾ de tasse) d'abricots secs

65 g (10 cuil. à soupe) de raisins de Smyrne

400 g (2 tasses) de céréales au riz soufflé

100 g (1/3 de tasse) de sucre glace

50 g (8 cuil. à soupe) de graines de sésame grillées

1 cuil. à soupe de miel ou de sirop d'érable

100 g (1 grosse noix) de beurre fondu ou de margarine, plus pour graisser

Voici une recette parfaite pour absorber beaucoup d'ingrédients très sains sans vraiment s'en rendre compte. Un régal pour les pique-niques ou les barbecues familiaux.

1 Coupez chaque abricot en 8 morceaux et mélangez tous les ingrédients secs dans un saladier.

2 Ajoutez le miel ou le sirop d'érable en remuant, ainsi que le beurre ou la margarine, et mélangez bien.

3 Étalez le mélange sur une plaque à pâtisserie graissée ou une double couche de papier d'aluminium.

4 Laissez durcir pendant toute une nuit dans le réfrigérateur ou une glacière (ou de la meilleure manière possible sur votre lieu de camping !). Une fois le mélange durci, découpez-le en barres ou en carrés.

POUR CHANGER UN PEU

• Remplacez la confiture de fraises par de la pâte à tartiner au chocolat ou du beurre de cacahuètes.

POUR 8 BEIGNETS

8 tranches de pain
Confiture de fraises (de préférence faite maison), pour tartiner
1 œuf, battu
6 cuil. à soupe de lait
6 cuil. à soupe de farine
5 ou 6 cuil. à soupe d'huile végétale
Sucre en poudre, pour enrober

LES BEIGNETS DU CAMP

Ces beignets présentent la particularité d'être carrés et non ronds. Il est important de les faire frire jusqu'à ce qu'ils soient vraiment croustillants – personne n'aime les beignets tout mous. Une fois que vous y aurez goûté, vous aurez du mal à vous arrêter.

1 Tartinez 3 tranches de pain de confiture, empilez-les les unes sur les autres, puis recouvrez-les d'une quatrième tranche. Répétez l'opération avec les 4 autres tranches de pain pour former deux piles équivalentes.

2 Ôtez les croûtes de chaque pile de pain et coupez-la en 4 quarts de manière à obtenir 8 carrés.

3 Mélangez l'œuf et le lait dans un saladier peu profond et versez peu à peu la farine (vous éviterez ainsi la formation de grumeaux).

4 Faites chauffer un peu d'huile dans une poêle antiadhésive, plongez chaque beignet carré dans la pâte et faites-le frire pendant 5 min environ de chaque côté, jusqu'à ce qu'il soit croustillant.

5 Versez le sucre en poudre dans un saladier peu profond et retournez chaque beignet dans le sucre alors qu'il est encore chaud afin de bien l'enrober. Servez immédiatement.

CE LIVRE EST DESTINÉ
À TOUS CEUX QUI
APPRÉCIENT
LA LIBERTÉ DU
CAMPING,
LA DOUCEUR DES
REPAS DEHORS
ET LE SOMMEIL
PROFOND
SANS RÊVES.

LINCOLN GREEN,
CAMP COOKERY FOR SCOUTS
(CUISINE POUR LES SCOUTS), 1914

BRIOCHES

POUR 6 BRIOCHES ENVIRON

250 g (1 ⅔ tasse) de farine autolevante
60 g (10 cuil. à soupe) de sucre brun
1 pincée d'épices mélangées
2 œufs, battus
25 cl (1 tasse) de lait
60 g (10 cuil. à soupe) de beurre fondu ou de margarine, plus pour graisser

Voici une délicieuse recette que l'on peut déguster toute l'année.

1 Préchauffez le four à 180 °C (th. 6). Mélangez les ingrédients secs dans un saladier. Ajoutez les œufs, le lait et le beurre fondu en mélangeant jusqu'à obtention d'une pâte lisse.

2 Servez-vous d'un galet lisse pour former 8 plats creux en papier d'aluminium, en les graissant bien avec du beurre ou de la margarine. Répartissez la pâte dans les moules préparés (ils doivent être remplis jusqu'au tiers tout au plus). Faites une croix sur le dessus des brioches.

3 Faites cuire les brioches 20 min à four chaud.

PRENEZ UN PEU D'AVANCE Ces brioches sont meilleures préparées à la maison et idéales à emporter en pique-nique.

POMMES PÉTILLANTES

POUR 4 PERSONNES

2 pommes
250 g (1 ¼ tasse) de sucre glace
1 cuil. à café de bicarbonate de soude
1 cuil. à café d'acide tartrique (dans les supermarchés ou les pharmacies)

Une recette idéale si vous trouvez les pommes d'amour trop collantes.

1 Pelez et évidez les pommes, puis coupez-les en fines tranches. Placez-les dans un sachet en aluminium avec un peu d'eau. Fermez le sachet et placez-le directement sur les braises chaudes. Laissez cuire pendant 15 min environ.

2 Mélangez les ingrédients restants dans un saladier. Une fois la pomme cuite, répartissez les tranches dans quatre bols et servez avec un peu du mélange pétillant.

DESSERT D'ÉTÉ

POUR 4 PERSONNES

500 g (2 tasses) de fruits rouges frais (fraises, mûres, myrtilles ou framboises équeutées)
200 g (1 tasse) de sucre en poudre
6 à 10 tranches de pain rassis
Crème fraîche épaisse, en accompagnement

POUR CHANGER UN PEU

• Vous pouvez également essayer de creuser l'intérieur d'une petite brioche et la remplir avec le mélange de fruits rouges, ou simplement servir les fruits accompagnés de crème fraîche épaisse.

Voici une recette très raffinée réalisée avec des ingrédients vraiment ordinaires. Essayez-la, vous serez surpris !

1 Réunissez les fruits et le sucre dans une casserole et versez suffisamment d'eau pour recouvrir les fruits. Laissez cuire pendant 10 à 15 min environ à feu moyen, jusqu'à ce que les fruits soient tendres et aient commencé à compoter.

2 Ôtez la croûte du pain rassis et déposez une couche de pain au fond d'un saladier en verre ou en plastique.

3 Alternez des couches de fruits et de pain en terminant par 1 tranche de pain. Appuyez bien sur chaque couche avant de commencer la suivante.

4 Recouvrez la dernière tranche de pain d'une feuille de papier d'aluminium lestée avec un poids pour bien tasser le dessert. Laissez refroidir pendant toute une nuit dans une glacière ou au réfrigérateur.

5 Servez avec de la crème fraîche épaisse.

POUR 6 À 8 PERSONNES
1 ananas frais entier
100 g (½ tasse) de sucre en poudre
1 filet de rhum ambré (ou à votre convenance)
Le jus de ½ citron vert

ANANAS GRILLÉ
AU SIROP DE RHUM

Voici une manière originale de servir l'ananas frais pour vous donner un coup de fouet.

1 Épluchez et évidez l'ananas, puis coupez-le en gros anneaux d'environ 2,5 cm d'épaisseur.

2 Réunissez 10 cl (⅓ de tasse) d'eau, le sucre, le rhum et le jus de citron dans une casserole et portez à ébullition. Laissez sur le feu pendant 10 min environ, jusqu'à obtention d'un sirop.

3 Posez les tranches d'ananas directement sur la grille chaude d'un barbecue et laissez-les griller pendant 5 min environ de chaque côté, jusqu'à ce qu'elles aient caramélisé, en arrosant de sirop pendant la cuisson.

4 Arrosez l'ananas grillé du reste de sirop et dégustez.

GÂTEAU MAGIQUE À LA NOIX DE COCO

POUR 4 PERSONNES

4 œufs, battus
200 g (1 tasse) de farine ordinaire
25 cl (1 tasse) de lait
2 cuil. à soupe d'essence de vanille
100 g (1 grosse noix) de margarine ou de beurre
100 g (½ tasse) de sucre en poudre
200 g (1 tasse) de noix de coco en poudre

Le gâteau magique doit son nom au fait que, lorsqu'il cuit, la farine se dépose au fond pour former une base croustillante alors que la noix de coco monte et couvre le gâteau, dont le cœur est moelleux à souhait.

1 Préchauffez le four à 170 °C (th. 5-6). Réunissez les œufs dans un saladier et versez peu à peu la farine en remuant. Ajoutez le reste des ingrédients en mélangeant, puis versez le tout dans un plat peu profond allant au four.

2 Laissez cuire le gâteau pendant 1 h environ dans le four chaud, jusqu'à ce que le milieu soit ferme.

PRENEZ UN PEU D'AVANCE Mieux vaut préparer ce gâteau chez vous pour l'emporter. Une fois cuit, il peut se garder pendant 2 ou 3 jours.

BROCHETTES SUCRÉES

POUR 4 PERSONNES

1 pomme
2 oranges ou 1 pamplemousse
12 cerises
12 Chamallows

IL VOUS FAUDRA AUSSI

Des bâtons de bois vert (voir page 94) ou des piques en bois

Attention, ces brochettes sont très chaudes !

1 Coupez la pomme et les oranges ou le pamplemousse en gros quartiers.

2 Fabriquez vos piques de bois vert ou servez-vous de piques en bois trempées dans de l'eau. Enfilez les fruits dessus.

3 Faites cuire les brochettes sur les braises chaudes du feu pendant 5 à 10 min. Ajoutez les Chamallows à l'extrémité des brochettes et prolongez la cuisson 2 min en retournant souvent, jusqu'à ce que les guimauves soient bien grillées.

CHAMALLOWS GRILLÉS
ET BONBONS GÉLIFIÉS

AUTANT DE PERSONNES QUE VOUS LE SOUHAITEZ !
Beaucoup de Chamallows

IL VOUS FAUDRA AUSSI
Longs et fins bâtons de bois vert (voir page 94), aiguisés à une extrémité, écorce enlevée (comptez 1 bâton par personne) – vous pouvez également utiliser une fourchette à griller

POUR CHANGER UN PEU

- Remplacez le Chamallow par un bonbon gélifié sur le bâton de bois vert et faites-le griller jusqu'à ce qu'il ramollisse vraiment. Lorsque vous le mangerez, vous constaterez que le cœur du bonbon s'est carrément liquéfié !
- Que diriez-vous de tremper votre Chamallow grillé dans du chocolat fondu pour plus de plaisir encore ?

Ce n'est pas vraiment une recette au sens propre du terme, mais qui peut partir camper sans faire griller de Chamallows ? N'oubliez pas de laisser les guimauves et les bonbons refroidir avant de les déguster.

1 Placez 1 Chamallow à l'extrémité d'un bâton et approchez-le des braises chaudes du feu ou du barbecue. Faites pivoter doucement le bâton pour que le Chamallow grille bien de toutes parts. 1 min devrait suffire, selon que la guimauve est plus ou moins proche du feu. Attention lorsque vous la mangerez, c'est très chaud !

GÉNOISE AUX AMANDES, POMMES ET RHUBARBE

Par Richard Branson

POUR 4 PERSONNES

450 g de pommes à cuire, pelées, évidées et tranchées
450 g de rhubarbe, lavée et coupée en morceaux de 2,5 cm d'épaisseur
Le zeste râpé et le jus de 1 orange
90 g (½ tasse) de sucre roux de canne Demerara
60 g (⅓ de tasse) de raisins de Smyrne

POUR LA GÉNOISE

90 g (⅓ de tasse) de beurre
90 g (½ tasse) de sucre en poudre
2 œufs, battus
Quelques gouttes d'essence d'amande
90 g (½ tasse) de farine autolevante
25 g (⅓ de tasse) de poudre d'amandes
Sel
Lait
Amandes effilées, à parsemer

Le scoutisme ? Beaucoup d'amusement, de merveilleuses aventures ! Un nombre incroyable d'activités de plein air, que j'adore, et une expérience précieuse en tant que chef.

RICHARD BRANSON

1 Préchauffez le four à 180 °C (th. 6).

2 Réunissez les pommes et la rhubarbe dans une casserole et ajoutez le zeste et le jus d'orange, le sucre et les raisins secs. Laissez mijoter pendant 15 min environ à feu doux. Versez la préparation obtenue dans un plat allant au four graissé.

3 Pour préparer la génoise, battez le beurre et le sucre dans un saladier jusqu'à obtention d'une crème. Ajoutez les œufs et l'essence d'amande. Versez la farine, la poudre d'amandes et le sel tout en mélangeant. Versez un peu de lait si nécessaire afin d'obtenir la consistance désirée.

4 Répartissez la génoise sur les fruits et parsemez d'amandes effilées.

5 Faites cuire le gâteau dans le four chaud pendant 35 à 40 min, jusqu'à ce que le dessus soit bien doré.

PRENEZ UN PEU D'AVANCE Préparez cette génoise à la maison et emportez-la avec vous pour votre premier goûter au grand air.

PETITS GÂTEAUX AU MIEL

PAR STEPHEN FRY

POUR 12 PETITS GÂTEAUX

2 œufs
75 g (1/3 de tasse) de sucre en poudre
1 cuil. à café de sucre brun de canne
90 g (2/3 de tasse) de farine autolevante, tamisée
1 cuil. à café de levure chimique
1 pincée de sel
90 g (1/3 de tasse) de beurre fondu, refroidi
1 cuil. à soupe de miel

IL VOUS FAUDRA AUSSI

Caissettes en papier

Je pense que les principes de base du scoutisme sont aujourd'hui aussi essentiels qu'ils l'étaient autrefois. Pas question d'être des héros ou des géants. Vous devez seulement vous montrer gentil, serviable, attentif aux autres et essayer de dépasser vos limites. Je n'ai jamais entendu de meilleurs conseils pour les jeunes.

STEPHEN FRY

1 Préchauffez le four à 180 °C (th. 6).

2 Dans un saladier, battez au fouet les œufs et les deux sucres. Incorporez la farine tamisée, la levure chimique et le sel. Laissez reposer pendant 30 min environ.

3 Intégrez le beurre fondu et le miel en remuant.

4 Versez le mélange dans des caissettes en papier en les remplissant aux trois quarts. Faites cuire dans le four préchauffé pendant 25 min environ.

PRENEZ UN PEU D'AVANCE Préparez ces délicieux petits gâteaux chez vous et dégustez-les au grand air. Ils constituent aussi un en-cas idéal pour le trajet.

BANANES GRILLÉES AU CHOCOLAT

POUR 5 PERSONNES
5 bananes
5 ou 6 morceaux de chocolat par banane

POUR CHANGER UN PEU

• Essayez des chocolats aux parfums différents, ou encore de la confiture ou du miel.

Tous ceux qui ont été scouts ou guides se souviendront de cette recette de leur enfance.

1 N'épluchez pas les bananes et tranchez-les en deux dans le sens de la longueur, en veillant à ne pas transpercer la peau du dessous.

2 Disposez 5 ou 6 morceaux de chocolat à l'intérieur de chaque banane.

3 Enveloppez les bananes séparément dans du papier d'aluminium et placez-les directement sur les braises chaudes du feu ou sur la grille chaude d'un barbecue et laissez cuire pendant 10 min environ – le temps que les bananes ramollissent et que le chocolat fonde.

CAMEMBERT AUX MÛRES

Par Peter Sidwell (chef scout et présentateur de télévision)

POUR 4 PERSONNES

2 camemberts
1 poignée de mûres ou de myrtilles
2 gros brins de romarin
25 g (1 grosse noix) de beurre, ramolli

J'ai adoré être scout. Cette expérience a vraiment constitué une part essentielle de ma vie – elle a peut-être même donné un coup de fouet à ma carrière de cuisinier, l'un de mes premiers souvenirs de cuisine étant celui des dampers (voir page 67) chez les scouts. Je me rappelle également que nous fabriquions notre propre four hollandais, nous l'enterrions dans le sol et allumions un petit feu en dessous pour faire cuire du pain ou préparer un dîner de cow-boy (voir page 101).

Ne vous inquiétez pas si vous avez les doigts collants lorsque vous réalisez cette recette – elle en vaut vraiment la peine !

PETER SIDWELL

1 Ouvrez 1 camembert et enfoncez des mûres ou des myrtilles à l'intérieur à travers la croûte du dessus (6 à 8 fruits par camembert devraient suffire).

2 Découpez un carré de 30 cm environ de côté dans une feuille de papier d'aluminium. Placez un gros brin de romarin au milieu de la feuille. Badigeonnez-la de beurre et déposez le camembert dessus en relevant les coins du carré pour former une papillote autour du fromage. Fermez hermétiquement la papillote et pincez le papier d'aluminium de manière à créer une poignée. Répétez l'opération pour le second camembert.

3 Placez les camemberts sur un côté des braises chaudes ou d'une grille de barbecue chaude, là où la chaleur n'est pas trop forte, et laissez cuire pendant 10 min environ, jusqu'à ce que le fromage soit fondu. Servez avec des crostinis.

POUR 6 À 8 PERSONNES
500 g de pâte prête à l'emploi, au choix, réfrigérée

TARTE À L'OXYGÈNE

Par Michael Palin

Voici un plat digne des Monty Python. Un vrai bol d'air frais…

1 Étalez la pâte sur une feuille de papier d'aluminium légèrement farinée.

2 Ne garnissez pas le fond de pâte.

3 Faites-le cuire sur les braises chaudes du feu pendant 10 à 15 min.

VARIANTE
Pour des occasions spéciales, vous pouvez ajouter des noix, vous obtiendrez alors une tarte à l'oxygène et aux noix.

TOUS LES BONS REPAS PRIS DEHORS DOIVENT ÊTRE ACCOMPAGNÉS D'UNE BONNE BOISSON. QU'IL S'AGISSE D'UNE BOISSON D'ÉTÉ RAFRAÎCHISSANTE OU D'UNE BOISSON D'HIVER RÉCONFORTANTE, ELLE SERA TOUJOURS MEILLEURE AU GRAND AIR.

BOISSONS

SIROP DE FLEURS DE SUREAU

POUR 2 L DE SIROP

20 têtes de fleurs de sureau (pleinement épanouies)
1,2 l (4 ½ tasses) d'eau
1,75 kg (près de 2 paquets, 6 à 7 tasses pleines) de sucre en poudre
2 citrons, tranchés
75 g d'acide citrique (dans les supermarchés ou pharmacies)

Ce sirop pourra se conserver pendant 2 mois environ, il est donc idéal pour se remémorer des souvenirs de vacances d'été pendant les mois d'automne.

1 Lavez soigneusement les fleurs de sureau et triez les têtes en vérifiant qu'il n'y a pas d'insectes à l'intérieur.

2 Mélangez l'eau et le sucre dans une grande casserole et portez à ébullition. Laissez bouillonner à petit feu pendant 10 min afin d'obtenir un sirop.

3 Mélangez les rondelles de citron avec les fleurs de sureau – frottez-les bien les unes contre les autres –, puis incorporez-les au sirop avec l'acide citrique. Couvrez et laissez infuser pendant 1 h.

4 Filtrez le liquide à travers un torchon ou un morceau de mousseline propre dans un grand saladier. Versez le sirop dans des récipients munis d'un couvercle à visser (préalablement stérilisés dans de l'eau chaude) ou mettez-le en bouteilles et stockez-le, soit dans un réfrigérateur, soit dans un endroit frais et sombre.

5 Dégustez ce sirop avec de l'eau gazeuse, de la menthe fraîche et de la glace.

PRENEZ UN PEU D'AVANCE Préparez ce sirop chez vous et emportez-le lorsque vous partez camper.

BIÈRE AU GINGEMBRE DU CAMP

POUR 6 À 8 VERRES

1,5 l (6 tasses) d'eau
500 g (1 morceau de 20 à 25 cm) de gingembre frais, pelé et émincé finement
250 g (1 tasse) de sucre roux
1 citron vert, coupé en 6 à 8 quartiers

1 Réunissez l'eau et le gingembre dans une grande casserole et portez à ébullition. Retirez la casserole du feu, couvrez et laissez infuser pendant 12 h minimum, de préférence 24 h.

2 Une fois le liquide infusé, filtrez-le à travers une passoire puis reversez-le dans la casserole. Ajoutez le sucre et remettez la casserole sur le feu, jusqu'à ce que le sucre fonde. Retirez la casserole du feu et laissez refroidir. Versez la bière obtenue dans des bouteilles stérilisées munies d'un couvercle à visser et gardez-les au frais (dans l'idéal au réfrigérateur). Cette bière peut se conserver pendant 4 jours. Servez-la avec de la glace pilée et 1 quartier de citron vert ou ajoutez du jus de citron vert.

THÉ GLACÉ À LA POMME

ET À LA FRAMBOISE

POUR 6 À 8 PERSONNES

1,5 l (6 tasses) d'eau
5 sachets de thé (de préférence noir ou earl grey)
125 g (6 cuil. à soupe) de miel liquide clair
50 cl (2 tasses) de jus de pomme fraîchement pressé (évitez le concentré)
150 g (½ tasse) de framboises, plus pour servir
1 pomme à croquer, tranchée, pour servir

1 Réunissez tous les ingrédients dans une grande casserole et portez à ébullition. Couvrez et laissez infuser 2 à 4 min.

2 Filtrez le liquide à travers un torchon ou un morceau de mousseline propre dans un grand saladier. Versez le thé obtenu dans une bouteille stérilisée munie d'un couvercle à visser et mettez-le au réfrigérateur pendant 3 jours maximum.

3 Servez ce thé très froid (si vous campez, trouvez le meilleur moyen pour le garder froid, par exemple dans une glacière ou le réfrigérateur d'un gentil agriculteur !), agrémenté de framboises fraîches et de tranches de pomme.

LE FOUR MICRO-ONDES EST
QUASIMENT
LA SEULE CHOSE
QUE VOUS NE POUVEZ PAS
EMPORTER EN
CAMPING,
MAIS À QUOI VOUS
SERVIRAIT-IL ?

NICK ALLEN

POUR 10 PERSONNES
2 kg de tiges de rhubarbe, coupées en morceaux
2 l (8 tasses) d'eau
2 cuil. à soupe de zeste de citron râpé
5 cuil. à soupe de jus de citron
200 g (1 tasse) de sucre en poudre
Limonade et rondelles de citron vert, pour servir

SIROP DE RHUBARBE

La rhubarbe n'évoque aujourd'hui plus un mauvais souvenir d'enfance ; elle est devenue un ingrédient délicieux et à la mode qui s'accommode de nombreuses manières. Elle l'emporte même haut la main sur l'orange ou le cassis dans les sirops.

1 Réunissez la rhubarbe, l'eau, le zeste et le jus de citron dans une grande casserole et portez à ébullition. Laissez bouillonner à feu doux pendant 20 à 30 min.

2 Filtrez le liquide à travers un torchon ou un morceau de mousseline propre dans un grand saladier. Gardez la rhubarbe cuite pour une autre recette et remettez le liquide obtenu dans la casserole.

3 Ajoutez le sucre et portez à ébullition. Laissez bouillonner pendant 10 à 15 min, jusqu'à obtention d'un liquide sirupeux.

4 Retirez la casserole du feu, laissez le sirop refroidir puis versez-le dans un bocal ou une bouteille stérilisée et munie d'un couvercle à visser. Gardez le sirop au frais (dans l'idéal au réfrigérateur) pendant 5 jours maximum. Il est meilleur servi froid avec de la limonade et 1 rondelles de citron vert.

PRENEZ UN PEU D'AVANCE Préparez ce sirop chez vous, gardez-le dans des bouteilles stérilisées et emportez-le lorsque vous partez camper.

JUS DE POMME

AUX ORTIES ET AU CITRON

POUR 4 PERSONNES

50 cl (2 tasses) de jus de pomme fraîchement pressé (évitez le concentré)
50 cl (2 tasses) d'eau
150 g (⅔ de tasse) de sucre
½ sac rempli de feuilles d'orties fraîches (voir page 52)
10 cl (6 cuil. à soupe) de jus de citron

Voici une boisson qui réveillera les plus fatigués. Utilisez uniquement les jeunes feuilles d'orties, celles du haut, qui sont les plus tendres.

1 Réunissez le jus de pomme, l'eau et le sucre dans une grande casserole et portez à ébullition. Laissez bouillonner pendant 10 min, jusqu'à obtention d'un liquide sirupeux.

2 Ciselez grossièrement les feuilles d'orties (en vous servant de gants) et ajoutez-les au sirop obtenu. Versez le jus de citron, mélangez bien, couvrez et laissez infuser pendant 20 min.

3 Filtrez le liquide à travers un torchon ou une mousseline et versez le jus obtenu dans une bouteille ou un bocal stérilisé et muni d'un couvercle à visser. Gardez au frais (dans l'idéal au réfrigérateur) 3 jours maximum.

LIMONADE À LA CERISE

POUR 4 PERSONNES

12,5 cl (½ tasse) de jus de citron
1 l (4 tasses) d'eau
100 g (½ tasse) de sucre en poudre
200 g (1 tasse) de cerises au marasquin
Eau gazeuse, pour compléter (4 volumes pour 1 volume de sirop)

Pour ceux qui pensaient que l'on ne pouvait pas faire plus sucré que la limonade...

1 Versez le jus de citron, l'eau et le sucre dans une grande casserole et portez à ébullition. Laissez bouillonner pendant 15 min environ afin d'obtenir un liquide sirupeux.

2 Ajoutez les cerises et laissez encore bouillonner 2 ou 3 min. Retirez la casserole du feu et laissez refroidir. Laissez les cerises dans le sirop ou retirez-les si vous préférez, puis complétez avec de l'eau gazeuse et servez.

POUR 6 À 8 VERRES

1 l (4 tasses) de lait
50 cl (2 tasses) d'eau
8 à 10 cuil. à soupe bombées de cacao en poudre (ou plus si vous voulez !)
1 boîte de 1 l de crème anglaise prête à l'emploi
1 grosse poignée de petits Chamallows

CHOCOLAT CHAUD

Voici une boisson qui rappelle les années de scoutisme et de camping. Cette recette a été reprise par de nombreux chefs scouts. Il s'agit d'une boisson sucrée, épaisse et délicieusement chocolatée. Dégustez-la avant d'aller vous coucher en l'agrémentant de Chamallows et de crème anglaise.
Et, pourquoi pas, essayez différents parfums de cacao.

1 Versez le lait et l'eau dans une grande casserole et portez à ébullition. Ajoutez le cacao en poudre et fouettez bien afin d'éliminer tous les grumeaux.

2 Incorporez la crème anglaise au mélange et portez de nouveau à ébullition à feu doux, en veillant à ne pas faire brûler le fond de la casserole. Incorporez les guimauves et remuez jusqu'à ce qu'elles soient fondues. Servez immédiatement.

CAFÉ ÉPICÉ

POUR 4 PERSONNES

4 cuil. à soupe de café moulu (optez pour votre préféré, en sachant toutefois que plus le café sera fort, meilleur sera le résultat)
½ cuil. à café de cannelle en poudre
½ cuil. à café de quatre-épices en poudre
40 cl (1 ½ tasse) d'eau bouillante
1 cuil. à soupe de caramel liquide
40 cl (1 ½ tasse) de lait

L'arôme épicé caractéristique de cette boisson rappelle l'odeur des marchés de Marrakech. Apportez donc les saveurs marocaines sur votre lieu de camping.

1 Mélangez le café moulu, la cannelle et le quatre-épices dans un grand saladier.

2 Arrosez ce mélange d'eau bouillante, couvrez et laissez infuser pendant 30 à 60 s. Ajoutez le caramel liquide en remuant. Versez le lait à votre convenance et dégustez.

POUR CHANGER UN PEU

- Réfrigérez ce café une fois prêt, soit au réfrigérateur, soit dans une glacière, et servez-le avec de la glace.
- Ajoutez différents arômes au café ou essayez d'autres mélanges de café moulu.

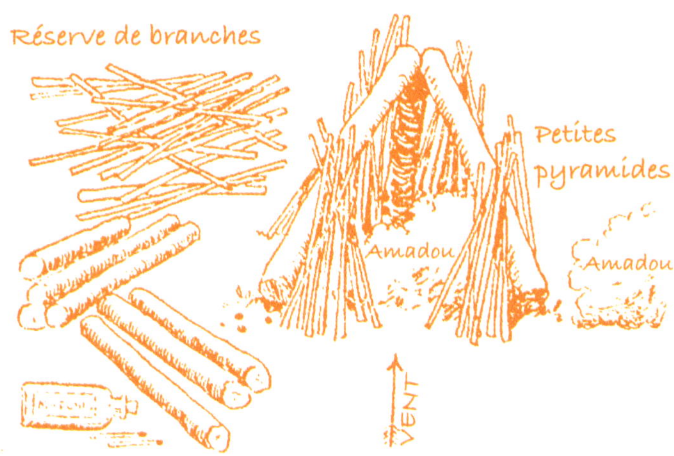

MOJITO

POUR 8 VERRES

- 8 cuil. à soupe de sucre roux de canne Demerara
- 2 citrons verts, coupés en quartiers
- Le jus de 2 citrons verts
- 1 bouquet de menthe
- 40 cl (1 ½ tasse) de rhum foncé ou blanc
- 1 l (4 tasses) d'eau pétillante ou de limonade

L'histoire du mojito remonte aux années 1500 et à Sir Francis Drake. Le mojito est composé de cinq ingrédients clés : du rhum blanc, du sucre, du citron vert, de l'eau pétillante et de la menthe. Le nom « mojito » semble issu du mot *mojo*, qui désigne un ancien assaisonnement cubain à base de citron vert. C'est un excellent cocktail à préparer dans un pichet et à partager entre adultes.

1 Versez le sucre, le jus de citron vert et un peu d'eau dans une grande casserole et portez à ébullition. Laissez bouillonner pendant 10 à 15 min pour obtenir un liquide sirupeux.

2 Réunissez de la glace, les quartiers de citron vert, des feuilles de menthe et le rhum dans un grand pichet. Versez le sirop de sucre sur ce mélange et terminez par de l'eau pétillante ou de la limonade. Remuez bien et servez le mojito bien frais dans des verres froids.

BIÈRE MAISON AUX ORTIES

POUR 3 L (5 PINTES)

1 kg (4 tasses) de feuilles d'orties fraîchement cueillies (voir page 52)

3 l (12 tasses) d'eau

225 g (1 tasse) de sucre roux de canne Demerara

2 cuil. à café de gingembre en poudre

1 sachet de levure fraîche (7 g)

1 tranche de pain blanc grillé

Voici une bière qui surprendra vos amis. Bien qu'elle ne pique pas, elle peut sans aucun doute vous mettre KO ! Je ne sais pas si cette bière est forte ou pas, mais sa saveur est vraiment particulière et originale ; elle mérite sans aucune doute d'être goûtée !

1 Réunissez les feuilles d'orties et l'eau dans une grande casserole, portez à ébullition et laissez bouillonner pendant 30 min environ.

2 Filtrez le liquide à travers un torchon ou un morceau de mousseline propre dans un grand saladier.

3 Versez le sucre et le gingembre en poudre dans le bouillon d'orties, remettez-le dans la casserole et laissez bouillonner 10 à 15 min, jusqu'à ce que le sucre soit fondu.

4 Versez la bière obtenue dans un récipient stérilisé. Parsemez la tranche de pain grillé de levure fraîche et déposez-la délicatement sur la bière.

5 Fermez ou couvrez le récipient et placez-le dans un endroit frais et sec à l'intérieur pendant 3 jours, en veillant à ce que la température ne fluctue pas trop. Gardez au frais (dans l'idéal au réfrigérateur) pendant 1 semaine maximum.

PRENEZ UN PEU D'AVANCE

Préparez la bière chez vous et emportez-la sur votre lieu de camping.

ADMETTEZ QUE VOUS NE POUVEZ PAS PASSER TOUT VOTRE TEMPS À CUISINER ET À MANGER (MÊME SI VOUS EN AURIEZ ENVIE). VOICI QUELQUES BONNES IDÉES D'ACTIVITÉS DE PLEIN AIR, QUE VOUS CAMPIEZ OU PASSIEZ SIMPLEMENT UNE JOURNÉE À L'EXTÉRIEUR. LE GRAND AIR EST LA MEILLEURE AIRE DE JEUX DU MONDE. PAR AILLEURS, LA PLUPART DES ACTIVITÉS NE VOUS COÛTERONT RIEN DU TOUT...

ACTIVITÉS

DE PLEIN AIR

10 ACTIVITÉS DE PLEIN AIR QUI NE VOUS COÛTERONT RIEN

1. Enfourchez votre vélo

La France compte de plus en plus de pistes cyclables aménagées, voies vertes et véloroutes, à emprunter en toute sécurité. Vous pouvez découvrir ces itinéraires sur le site de l'Association française : www.af3v.org.

2. Randonnez dans un parc national

La France compte 46 parcs naturels régionaux et 9 parcs nationaux, qui sont l'occasion de randonnées très diverses : www.parcsnationaux.fr/ et www.parcs-naturels-regionaux.tm.fr/fr/accueil/.

3. Assistez à un festival

Les festivals sont l'occasion d'activités de plein air très variées. Où que vous soyez en France, il y aura toujours un festival pour vous enchanter, surveillez-les sur le site : www.francefestivals.com/tous-les-festivals.html.

4. Allez à la plage

Le pavillon bleu flotte sur 377 plages en France, vous n'avez que l'embarras du choix ! Allez faire un tour sur le site : www.pavillonbleu.org.

5. Allez vous baigner

Lacs, rivières, gorges, mers et Océan, la France propose un vaste choix de lieux de baignade. Pour trouver l'endroit le plus proche de votre camp de vacances et connaître les conditions de sécurité, renseignez-vous sur le site : http://baignades.sante.gouv.fr/.

6. Observez les oiseaux

Pourquoi ne pas emmener vos enfants dans des jardins ou des parcs afin d'observer les nombreuses espèces d'oiseaux recensées en France ? Il existe de nombreuses réserves naturelles à travers l'Hexagone, voir sur le site : www.reserves-naturelles.org.

7. Observez les étoiles

Hormis lors de la fameuse Nuit des étoiles, en août, il est possible d'observer le ciel tous les jours pour apprendre à ses enfants le noms des constellations. Voir sur le site : www.afanet.fr/.

8. Marchez en ville

Vous n'êtes pas obligé d'aller à la campagne pour marcher. Les villes de France regorgent de trésors architecturaux et proposent des visites guidées gratuites.

9. Pratiquez le cerf-volant

Distrayez vos enfants un jour de vent en fabriquant et faisant voler un cerf-volant. Pour en savoir plus : www.cerfvolant.fr/pratique.php.

10. Rénovez un local abandonné

Vous passez tous les jours devant une vieille cabane qu'il serait bon de nettoyer de fond en comble pour qu'elle puisse accueillir la faune locale ou même des personnes. Pourquoi ne pas vous atteler à cette tâche ? Rassemblez un groupe de volontaires et demandez l'autorisation de la commune avant de commencer.

10 IDÉES DE CHOSES À FAIRE DEHORS

1. Devenez scout

L'Association des scouts et guides de France permet à des filles et des garçons âgés de 6 à 25 ans de vivre une belle aventure. Si vous avez plus de 25 ans, ne vous inquiétez pas, les adultes volontaires sont toujours les bienvenus (www. sgdf. fr/).

2. Visitez une ferme pédagogique

Les fermes réservées aux enfants leur permettent d'observer l'éclosion d'un œuf et la naissance d'un poussin ou encore de monter sur un poney, des activités qui les réjouiront sans aucun doute. Couvrez-vous bien et n'oubliez pas de vous laver les mains avant de manger.

3. Partez pêcher

La pêche est une bonne activité de plein air, que petits et grands peuvent pratiquer dans de très nombreux endroits en France. Renseignez-vous le site de la Fédération nationale de pêche : www.federationpeche.fr/.

4. Rendez-vous à la fête foraine locale

De nombreuses fêtes foraines ont maintenant abandonné les attractions traditionnelles pour passer à la nourriture bio et aux jeux de toutes sortes. Quels que soient vos goûts, les samedis des mois de mai et juin se prêtent à ces nouvelles activités.

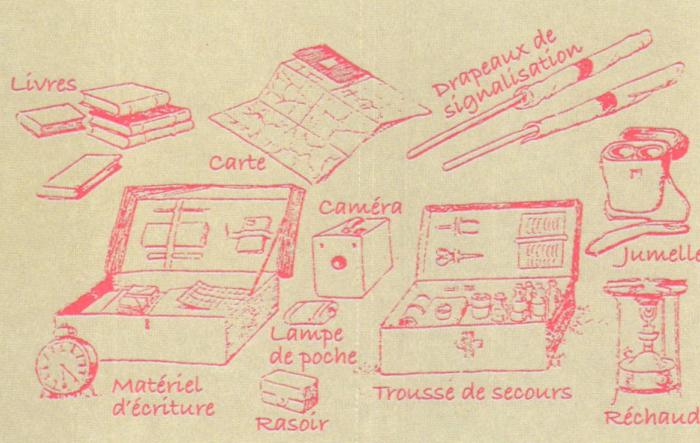

5. Empruntez une coulée verte

Ces anciennes lignes de chemin de fer sont devenues des paradis pour la faune et la flore sauvages et sont idéales pour découvrir la campagne.

6. Explorez la nature

Observez les feuilles, les insectes, les plantes et tout ce que vous aimez. N'oubliez pas d'emporter un ou deux pots de confiture vides pour rapporter quelques souvenirs intéressants.

7. Visitez un centre d'activité

Que vous ayez envie de filer à vive allure sur une piste d'aviation ou de tenir en équilibre sur une pile de caisses, aucune expérience préalable n'est nécessaire pour participer à l'un des centres d'activités scouts. Pour en savoir plus, consultez le site : www.sgdf.fr/.

8. Suivez un sentier côtier

Pourquoi ne pas rapporter un peu de sable dans vos chaussures de randonnée en parcourant l'un des nombreux sentiers côtiers accessibles aux marcheurs ?

9. Découvrez des bâtiments originaux

On trouve toutes sortes de bâtiments étonnants à travers la campagne française. Pour connaître ceux de la région où vous séjournez, rendez-vous à l'office de tourisme le plus proche, vous y trouverez sans doute des surprises !

10. Visitez une demeure d'époque

Les demeures et jardins d'époque sont nombreux en France, remontez le cours de l'histoire en les visitant. Rendez-vous à l'office de tourisme de votre lieu de vacances.

10 ACTIVITÉS DE PLEIN AIR ORIGINALES

1. 3G swing

Deux personnes sont assises dans un siège et lentement montées dans les airs. Lorsqu'elles donnent le signal, elles sont « lâchées » et descendent alors à vive allure vers le sol en se balançant parfaitement sans danger !

2. Zorbing

Il s'agit de dévaler une pente herbeuse, une chute d'eau ou une piste enneigée, en étant installé à l'intérieur d'une énorme bulle en PVC et entouré d'un épais coussin d'air. L'engin de locomotion, ou ballule, est constitué de deux sphères, intérieure et extérieure, attachées entre elle par des centaines de fils de Nylon.

3. Luge d'été

Autrefois sport d'hiver, la luge peut maintenant se pratiquer pendant toute l'année grâce à la luge sur herbe. Gardez les bras et les jambes à l'intérieur de la luge lorsque vous dévalez les pentes.

4. Crate stacking

Vous devez, non seulement travailler mais aussi réfléchir ensemble, afin de construire la plus grande tour possible en empilant des caisses. Voici une activité idéale pour développer l'esprit d'équipe, une personne devant toujours se tenir en haut de la tour de caisses.

5. Aeroball

Cette activité, mélange de volley-ball, basket-ball et trampoline, vous fera sans aucun doute battre le cœur lorsque vous essaierez de marquer des points face à vos adversaires.

6. Char à voile

Le char à voile est un véhicule terrestre tout en longueur, muni de trois roues, propulsé par le vent et pouvant accueillir un passager ; il est aussi équipé d'une voile lui permettant d'avancer. On pratique généralement le char à voile sur de grandes plages de sable, là où les obstacles sont peu nombreux, et aussi loin que possible des autres usagers du site. Des clubs spécialisés proposent des séances d'initiation et des démonstrations.

7. Coasteering

Encore peu connue en France, cette activité vous amènera à escalader des rochers, sauter des falaises, nager dans la mer et vous faire laver par les vagues. De quoi être effrayé et excité à la fois.

8. Course à l'élastique

Il est déjà bien stimulant de courir aussi vite que possible vers un objectif, mais c'est d'autant plus amusant si vous êtes en plus attaché à un élastique. Êtes-vous suffisamment fort pour y parvenir ou reviendrez-vous au point de départ ?

9. Bateau à rames

Vous pouvez voyager seul ou jusqu'à huit dans un tel bateau, cette activité favorisant alors le travail d'équipe, la coopération et la coordination.

10. Escalade à plusieurs longueurs

Escalader des rochers naturels ou artificiels peut être exaltant, alors laissez-vous tenter par l'escalade à plusieurs longueurs de corde !

PASSEZ AU VERT

Cultivez votre propre pique-nique

Si vous avez un jardin, cultivez donc votre propre carré de légumes. Vous pouvez, par exemple, commencer par des herbes aromatiques et des salades ou tenter des haricots et des courgettes ! Une fois que vous les aurez plantés et bien arrosés, vous n'aurez plus qu'à les regarder pousser. Ensuite, installez-vous dans un parc ou un endroit agréable et dégustez les fruits de votre récolte.

Marchez

Pourquoi ne pas organiser un concours familial afin de voir qui marchera le plus pendant l'été ? Vous pouvez acheter des podomètres tout simples à moindres frais. Gardez-en un dans votre poche et vous pourrez ainsi calculer votre nombre de pas. N'oubliez pas de noter jusqu'où vous allez chaque jour, puis affichez les résultats de tous les membres de la famille dans la cuisine pour désigner le vainqueur. Marcher n'est pas seulement meilleur pour l'environnement, c'est également excellent pour votre santé.

Essayez une nouvelle activité de plein air

Avec ses journées plus longues et ses nuits plus douces, l'été est la saison idéale pour essayer une nouvelle activité de plein air. Vous avez l'embarras du choix : l'équitation, le *geocaching* (jeu de chasse au trésor pratiqué avec un GPS), le tir à l'arc et le *coasteering* ne constituent que quelques exemples parmi toutes les activités possibles.

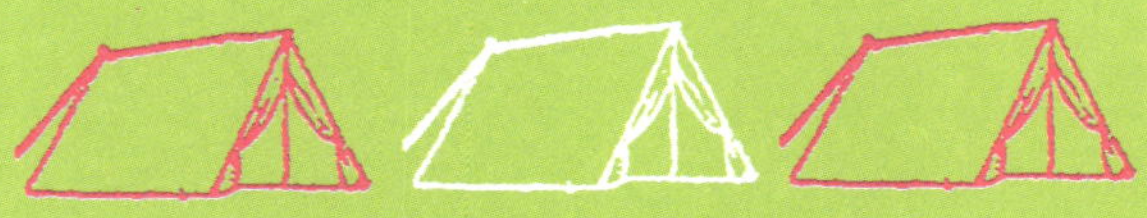

Faites du tourisme

Pas besoin de parcourir des kilomètres pour faire du tourisme (ou rentrer bronzé !). Profitez des vacances scolaires pour explorer des endroits situés près de chez vous. Quelques idées :

- Baladez-vous dans la nature,
- Visitez un lieu de culte,
- Profitez des jeux du parc local,
- Et laissez votre voiture chez vous.

INDISPENSABLES

- Un appareil photo : idéal pour de belles photos de famille, plus encore pour les plus jeunes, afin de garder un souvenir des randonnées en forêt et des merveilles de la nature.
- Des jumelles pour se rapprocher des animaux à plumes ou à poils.
- Des crayons, stylos et un bloc-notes. Vous pourrez y écrire des informations sur la flore et la faune que vous rencontrez lors de vos balades, noter les bâtiments anciens d'une région au cours d'une visite historique ou décrire une nouvelle activité de plein air que vous avez imaginée. Invitez des amis et des voisins à vous rejoindre et montrez le résultat à vos parents.
- Soyez équipé pour tous les temps : crème solaire, chapeau, imperméable et bottes en caoutchouc.

MES CHANSONS À CHANTER AUTOUR D'UN FEU DE CAMP

INDEX

À propos de Nick Allen

Il s'agit du premier livre de Nick Allen, chef professionnel impliqué dans le scoutisme dès l'âge de 6 ans. Après avoir obtenu un diplôme de cuisinier professionnel, il est embauché comme commis chef au Dorchester Hotel de Mayfair, célèbre dans le monde entier. Il y travaille pendant cinq ans et grimpe les échelons pour devenir cuisinier confirmé. Il est maintenant sous-chef au Dorchester Collection's Coworth Park Hotel, un manoir de campagne situé à Ascot et doté de trois restaurants.

Lorsqu'il ne dirige pas la cuisine du chef étoilé Michelin Chris Meredith, Nick adore faire cuire des œufs dans des oranges au-dessus d'un feu. En tant que chef scout auprès de la première unité d'exploration scout à Tonbridge, dans le Kent, il a parcouru le monde entier et s'est chargé de la cuisine de nombreux rassemblements.

À propos de Bear Grylls

Bear Grylls est le plus jeune chef scout du Royaume-Uni, nommé en mai 2009. Après avoir traversé l'Arctique dans un bateau gonflable ouvert, escaladé l'Everest et piloté un parapente motorisé à 8 850 m d'altitude dans l'Himalaya, Bear s'y connaît en matière d'aventure. Mais il ne se contente pas de battre des records au grand air.

Ancien soldat des Forces spéciales, il n'est pas seulement connu dans le monde entier pour avoir participé aux émissions de télévision à succès *Born Survivor* et *Man vs Wild*, mais également en tant qu'orateur inspiré et auteur de best-sellers, ainsi que pour son soutien inconditionnel aux jeunes en quête d'aventure.

Bear doit son goût pour le grand air à son expérience de louveteau. Initié à l'escalade par son père sur les falaises de l'île de Wight, il s'y intéressa de plus en plus après avoir quitté l'école.

Pendant son service militaire, il se spécialise en tant qu'instructeur de survie au combat et découvre le parachutisme, les démolitions, les traumatismes et la guerre de montagne en tant que soldat du 2& SAS (unité d'élite britannique). Il est gravement blessé lors d'un saut en parachute qui lui brise le dos en trois endroits. Après une rééducation militaire intensive, il récupère complètement et poursuit ses efforts pour devenir l'un des plus jeunes alpinistes à atteindre le sommet de l'Everest ; il dirige également de nombreuses autres expéditions dans le monde entier. Il a reçu un poste honoraire de lieutenant-commandant dans la *Royal Navy* en reconnaissance de ses exploits audacieux et sa détermination à aider les associations caritatives et les jeunes.

Invité à s'exprimer sur sa nomination de chef scout devant le mouvement de jeunesse mixte le plus important du Royaume-Uni, voici ses mots : « Je me sens tellement honoré de me voir offrir ce poste, j'ai toujours énormément admiré les scouts et tout ce qu'ils font dans le monde. Le mouvement scout est une force massive pour le bien qui concerne un nombre impressionnant de jeunes. »

À propos de l'Association des scouts et guides de France

L'Association des scouts et guides de France offre à plusieurs milliers de personnes la possibilité de s'amuser, de se dépasser et de vivre une aventure au quotidien. Elle exerce un impact positif sur les jeunes, les bénévoles adultes et les communautés locales. Pour en savoir plus sur les possibilités de bénévolat, visitez le site www.scouts.org.fr.

Remerciements

Merci à tous ceux qui ont contribué d'une quelconque manière à ce livre, plus particulièrement les passionnés de scoutisme et le chef scout Bear Grylls.

Merci à The Scout Holiday Homes Trust, Claire Woodforde, Beth Gooch, Hermione Clulow, Nicola Gordon-Wilson, Richard Chambers, Hilary Galloway, Sam Avery et Chris James de la Scout Association, ainsi que Stuart Cooper et Claire Potter chez Metrostar Media.

Pour finir, un merci à tous les bénévoles du scoutisme qui proposent des activités et des opportunités aux jeunes du Royaume-Uni et du monde entier.